FAÇA ALGUMA COISA!

FAÇA SUA VIDA VALER A PENA

Miles McPherson

FAÇA ALGUMA COISA!

FAÇA SUA VIDA VALER A PENA

TRADUÇÃO:
Valéria Lamim Delgado Fernandes

Proclamação

Título original: Do Something!

Edição original por Baker Books Inc. © 2010, Miles McPherson
Copyright da tradução © Editora Proclamação Ltda 2010

Supervisão Editorial: Oliver Conovalov
Tradução: Valéria Lamim Delgado Fernandes
Revisão: Fernanda Silveira
Capa: Roger Conovalov
Projeto Gráfico e Diagramação: Roger Conovalov

Os textos das referências bíblicas foram extraídos da Nova Versão Internacional (NVI), © 2001, publicada pela Editora Vida, salvo indicação específica.

Catalogação na Fonte do Departamento Nacional do Livro
(Fundação Biblioteca Nacional, Brasil)

McPherson, Miles.
Faça Alguma Coisa! / Miles McPherson, tradução de Valéria L. D. Fernandes - São Paulo: Editora Proclamação Ltda, 2010.

Tradução de: Do Something!
ISBN: 978-85-86261-08-4

1. Cristianismo 2. Auto-Ajuda

Todos os direitos reservados à Editora Proclamação Ltda
Rua Rafael Sampaio Vidal, 291 - Barcelona
São Caetano do Sul - SP - Cep: 09550-170
Fone: (11) 4221-8215
e-mail: contato@editoraproclamacao.com.br
www.editoraproclamacao.com.br

Aos meus pais, Gene e Margaret, que me educaram melhor do que imaginam. Seu amor e sua amizade até hoje me fazem manter o compromisso de ser forte até o fim.

À minha esposa e à minha família, Debbie, Kelly, Kimmie e Miles, por terem paciência com minha agenda louca. Os "cinco McPees" é que me mantém com o pé no chão.

À minha equipe, cujo trabalho incansável Deus usa para promover o ministério sobrenatural a cada dia.

Por fim, quero dedicar este livro ao potencial que Deus estabeleceu para você, leitor. O sonho de Deus para sua vida está clamando para vir à tona e fazer algo por quem está necessitado. Oro para que, enquanto estiver lendo este livro, você dê a seu potencial a liberdade para falar com você, inspirá-lo e levá-lo a FAZER alguma coisa.

Sumário

Introdução

Eu andava atrás da enfermeira, sem olhar para os lados. Ela estava me levando à UTI. Tudo o que eu ouvia era o silvo dos ventiladores, o *bip bip bip* dos monitores cardíacos e os sussurros de outros enfermeiros. Mantive os olhos para frente e ignorei o frio na barriga.

Um membro da igreja me pediu para visitar uma mulher de 25 anos de idade chamada Tracy, que havia se envolvido em um terrível acidente de carro. É claro que eu faria a visita, afinal é isso que os pastores fazem. Pensei que estivesse preparado.

A enfermeira parou, e dei uma olhada. Era ali. *Ah, não.* Aquela devia ser Tracy.

A jovem estava estendida no leito, com um monte de tubos pelo corpo conectados a uma máquina. Pequenas correntes e faixas presas a uma estrutura no alto suspendiam seus braços inchados, em carne viva, por causa das queimaduras. As pernas estavam enfaixadas também e voltadas para o teto. Os joelhos estavam envoltos em uma gaze branca, indicando onde haviam sido amputados.

Conforme me aproximei, notei que o peito de Tracy estava nu. Meus olhos percorreram-na até a cabeça. Partes do cabelo loiro estavam queimadas. Um dos olhos estava completamente inchado. O outro olhava para mim. Imaginei que ela tivesse muito a dizer: *Quem é você? O que quer? Alguém, por favor, me cubra.*

Era minha primeira visita ao hospital como jovem ministro. Eu era um jogador profissional de futebol que se converteu em um pastor de jovens. Eu estava desorientado.

Dei um passo à frente e me curvei para me apresentar. Ofereci-me para orar por ela.

Com o tubo na boca, a jovem balbuciou algo.

"Posso pedir uma coisa?", perguntei.

Ela balançou a cabeça e murmurou novamente, só que dessa vez um pouco mais alto. Dei uma olhada para os lados à procura da enfermeira, que estava ocupada a algumas camas de distância, e então perguntei: "Você está tentando me dizer alguma coisa?"

Ela balançou a cabeça e murmurou mais alto.

Perguntei novamente: "Você quer que eu vá embora?"

Tracy fez que não com a cabeça. Dessa vez, ela começou a gemer. Começou a chacoalhar os braços e o que restava de suas pernas.

A enfermeira aproximou-se e olhou feio para mim, como se eu tivesse puxado as correntes que sustentavam Tracy ou algo assim. Colocou uma toalha sobre o peito da moça. Engoli seco e fui para o outro lado da cama enquanto ela tentava acalmar Tracy. Mas Tracy não parava de tremer e gemer. A enfermeira continuou a olhar para mim com uma expressão de quem estava indignada.

Olhei para trás, em direção à porta. Era lá que eu queria estar: cruzar aquela porta e ir embora. *Estou em forma*, pensei sem raciocinar. *Posso pular esta cama atrás de mim e correr daqui...*

Então, um assistente apareceu com uma maca, bem em frente à porta. Eu estava preso! Parecia que eu estava em uma caixa cheia de formigas – a ansiedade fazia todo o meu corpo formigar. De repente, meu vocabulário só tinha uma palavra: *Hum...*

Graças a Deus não demorou muito para que a enfermeira pedisse que eu saísse da sala. Ela me salvou. Uma coisa é perder um pênalti e outra é deixar o goleiro pegar a bola. Mas, dessa vez, foi muito pior.

Lembro-me de correr até meu carro o mais rápido possível. Queria muito esconder minha Bíblia debaixo da camisa. Eu estava morrendo de vergonha. *Não tenho o direito de dizer que sou pastor.* Deus enviou-me lá para encorajar aquela moça. Eu a desapontei, e a ele também.

Por que não consegui fazer algo por ela?

Finalmente percebi que antes de poder *fazer algo* por Tracy, eu precisava primeiro *fazer algo* por mim.

Antes que você possa fazer qualquer coisa

Entrei no hospital como "Pastor Joe", o cara com todas as respostas, com a incumbência moralista de *fazer algo* bom para alguém necessitado.

Mas eu estava me esquecendo de um detalhe. Eu deveria ter deixado o título de pastor no carro. Deveria ter entrado no quarto de Tracy como um homem cheio de falhas que passou um tempo em um "leito espiritual". Em vez de esperar fazer algo *por* ela, eu deveria ter feito algo *com* ela: sofrer.

Eu deveria ter tido mais discernimento também. Afinal, eu havia sofrido antes, tanto sozinho como na companhia de outros.

Ao mesmo tempo que eu, ainda jovem, vivia o sonho de jogar futebol profissional na Liga Nacional, eu estava morrendo com o pesadelo do vício da cocaína. Fui cortado do time três vezes, e, em um belo dia, Deus milagrosamente me libertou do vício. Falarei sobre esse episódio mais adiante.

Por fim, assumi o compromisso de servir ao Senhor e não a mim. Eu não tinha ideia do que estava reservado para mim. Tornei-me um jovem pastor e evangelista, e, finalmente, comecei a Rock Church. Em nosso nono aniversário, tínhamos nos tornado uma das igrejas que crescia mais rápido no país, o que simplesmente significa que temos responsabilidade por muitas pessoas feridas.

Fui, em menor proporção, uma Tracy. E tenho visto muitas Tracys — pessoas cuja vida foi destruída por acidentes de carro, por relacionamentos rompidos, pelo orgulho que paralisa, por vícios terríveis e por carreiras arruinadas.

A única razão pela qual muitas delas sobreviveram à sua tragédia é que ao longo do caminho houve pessoas dispostas a fazer algo e dividir as lições aprendidas com sua própria destruição.

Fazendo sua vida valer a pena

O mundo precisa de você. Ele está destruído.

Olhe ao redor. Estamos diante de caos econômico, de intermináveis guerras, da AIDS, da fome, da destruição ecológica, da corrupção política – a lista é interminável. Seu próximo precisa desesperadamente de amor e de ajuda.

Estou convicto de que o mundo precisa do amor de Deus. Mas, mesmo compartilhando ou não minhas crenças cristãs, você pode reconhecer que alguém precisa fazer algo. Imediatamente!

Esse alguém pode ser você. Você foi criado para fazer algo grande. Você quer ver sua vida valendo a pena; do contrário, não teria pegado este livro. Não há melhor maneira de fazer a diferença no mundo do que agir e ajudar alguém, não importa sua idade ou raça, não importa sua religião ou falta dela, não importa o que você seja.

Mas há um primeiro passo que todos temos de dar: você e eu precisamos reconhecer que não é só o mundo que está arruinado, mas nós também estamos.

O plano

Ao longo dos anos aprendi lições com a vida de Jesus Cristo sobre como posso fazer minha vida valer a pena e ajudar pessoas necessitadas. Essas lições podem fazer você poupar algum tempo e energia.

Eu me perguntava: Se Jesus era Deus, santo e perfeito, por que ele não pôde simplesmente ter se revelado como Deus e depois morrido, digamos, uma semana mais tarde?

Isso não teria sido suficiente para pagar por nossos pecados? Afinal de contas, ele não tinha pecado. Seu sacrifício teria sido aceitável. Por que três anos de ministério? Por que ensinar as lições? Por que realizar os milagres? Por que ser negado, por que ser traído, por que sofrer uma morte horrível?

As razões são muitas, mas quero que nos concentremos nesta aqui: ele esteve na terra para fazer mais do que realizar o sacrifício na cruz.

Jesus veio para começar um *plano*.

O plano de Jesus não só asseguraria salvação para aqueles que cressem, mas também criaria um alicerce para que *nós* exercêssemos *nosso* papel individual no plano de salvação para os outros. Uma maneira de observar esse plano e aplicá-lo em nossa vida é dividi-lo em cinco partes. Sendo o pregador que sou, classifiquei as partes com a letra P:

Preparação

Propósito

Pesar

Poder

Paixão

Os 5 P's fazem parte de um plano que você e eu podemos seguir. Esse plano capacita-nos a falar de esperança para um mundo destruído. Um mundo que está ferido, seriamente doente, vivo graças aos aparelhos médicos. Um mundo que tem sido queimado pelo pecado.

Em termos simples, você e eu fomos criados por Deus para fazer algo grande com nossa vida, algo como fez Jesus, mas não porque somos mais inteligentes, mais especiais ou mais bem qualificados do que qualquer outra pessoa. Não somos. Quer aceite ou não, você também está destruído.

Nossa saúde espiritual esteve (ou talvez ainda esteja) tão comprometida quanto a saúde física de Tracy.

Nossas feridas são profundas, graves e fatais. A única coisa que nos separa daqueles cujas feridas espirituais irão matá-los é o encontro que tivemos, ou precisamos ter, com o Grande Médico e Salvador, o Filho de Deus, Jesus Cristo.

Se não se der conta de que está destruído, você não poderá se relacionar com alguém na mesma condição. Se você não for capaz de se expressar por meio de sua dor, os gritos daqueles a quem precisamos ajudar vão soar como simples resmungos.

Celebrando nossa condição de destruídos

O primeiro ato de Jesus foi fazer algo *com* cada um de nós: ele se fez homem e se sujeitou às tentações e lutas deste mundo. Depois de se identificar com nossa condição de destruídos, ele ainda fez algo *por* nós. Ele morreu na cruz.

Se quiser fazer algo grande, tenha em mente o que Jesus disse para lembrarmos.

Pouco antes de partir, ele nos deu instruções específicas. Ele disse: *Celebre minha condição de quem está subjugado. Celebre meu corpo, partido por você. Celebre meu sangue, derramado por você.* É isso que significa comunhão.

Ele poderia ter nos pedido para lembrar sua ressurreição.

Ele poderia ter nos pedido para exaltar os milagres que realizou ou ser mais astutos como ele foi com os teólogos mais espertos da época. Não. Ele disse: *Celebre minha condição de quem está subjugado.*

Por quê? Assim como ele se identificou com nossa condição de ser humano falido antes de fazer algo por nós, devemos então nos identificar com essa nossa condição antes de fazermos algo pelos outros. Fazemos isso ao reconhecer nossa própria condição de destruídos e ao compartilhar a cura que Deus está trazendo para nossa vida. Vamos lembrar que nosso "FAÇA alguma coisa" tem a ver com permitir que ele faça algo *por meio de* nós. Deus tem primeiro de fazer algo em você para poder fazer algo por meio de você.

Você quer fazer algo importante com sua vida?

Você quer fazer o que Jesus fez?

Aqui está sua chance.

Assim como Jesus fez algo que causou impacto eterno em nosso nome, ele nos deixou um modelo para fazermos algo de impacto eterno àqueles que ele colocaria em nosso caminho.

O que Deus pretendia naquele quarto de hospital não era um programa, mas uma interseção do que ele estava fazendo com minha condição de ser humano destruído com a mesma condição na vida de Tracy.

Aviso: Se você não está disposto a ser sensível à sua própria condição falida, será muito difícil, se não impossível, fazer algo de valor eterno para o mundo destruído ao seu redor. Não seja como o jovem pastor orgulhoso e desorientado naquele quarto de hospital. Admita sua condição de destruído e se humilhe. Peça a Deus para começar a operar a cura em você. Só então é que ele poderá trabalhar através de você para curar os outros.

Antes de começar, convido você a ouvir uma palavra de incentivo em www.milesmcpherson.com.

Sobre este livro

Este livro possui seis seções, cada uma com cinco capítulos.

Parte 1 é sobre o **Plano**: *Uma visão geral dos 5 P's*
Parte 2 é sobre a **Preparação**: *Trabalho avançado*
Parte 3 é sobre o **Propósito**: *Obediência*
Parte 4 é sobre o **Pesar**: *Não tem só de doer*
Parte 5 é sobre o **Poder**: *A capacidade de fazer*
Parte 6 é sobre a **Paixão**: *Nunca desista*

Cada capítulo tem vários dos seguintes recursos:

- *Uma história da vida real.* Todas as pessoas que você vai encontrar nestas páginas são pessoas reais (incluindo a mim!), embora alguns nomes tenham sido alterados para proteger a privacidade dos indivíduos.
- *A vida de Cristo.* Vamos nos concentrar em um aspecto da vida de Cristo em cada capítulo.
- *Atividades do tipo "FAÇA alguma coisa".* Ao final de cada capítulo, você será desafiado a fazer algo ágil: colocar em prática os princípios apresentados no capítulo.
- *Caixas intituladas "Ajuda necessária".*
- *Oração.* Cada capítulo termina com uma sugestão de oração.

Você quer fazer com que sua vida tenha valor, então, *FAÇA alguma coisa* e comece a leitura!

Parte 1

O plano

Uma visão geral dos 5 P's

Ninguém fez mais bem a este mundo e para ele do que Jesus. Durante seus três anos de ministério, ele estabeleceu um padrão moral para a humanidade que ainda precisa ser superado. Ele curou enfermos, expulsou demônios dos endemoninhados e ressuscitou os mortos. Ele tem um *plano* para você, e adivinhe o que esse plano diz?

Você foi criado para
fazer algo grande!

Digo-lhes a verdade: Aquele que crê em mim fará também as obras que tenho realizado. Fará coisas ainda maiores do que estas, por que eu estou indo para o Pai.

– João 14.12

1

Donna e Bill

Preparação–Trabalho Avançado

> Porque somos criação de Deus realizada em Cristo Jesus para fazermos boas obras, as quais Deus preparou antes para nós as praticarmos.
>
> — Efésios 2.10

Donna estava na cozinha de sua cabana de bambu ao estilo *Mogli, o menino lobo*, quando ouviu a batida na porta. Colocou Bethy, de quatro meses de idade, no cadeirão e disse à filha Elisa, de quatro anos, que permanecesse sentada à mesa.

Quem quer que fossem, as visitas estavam falando inglês. *Que estranho*, ela pensou. Todos no vale do rio tropical só falavam palawano, exceto seu marido Bill e ela.

Agrupados em sua varanda estavam dez homens pardos com aparência de mafiosos portando armas automáticas. Eles estavam vestidos com uniformes verdes molhados de suor por causa do calor de 32ºC e 80% de umidade. Granadas pendiam de seus cintos.

O homem que estava na frente olhou para Donna, uma mulher alta, magra e loira da Califórnia.

"Onde está seu marido, Bill Davis?", ele soltou de uma vez.

Como eles sabem o nome dele? O coração de Donna começou a disparar. *O que eles querem?*

Imaginou suas filhas e depois Bill, que estava sozinho em uma cabana do outro lado da pista de grama, estudando a língua palawana.

Um jovem casal de San Diego, Donna e Bill haviam acabado de se mudar para a região. A casa nova deles estava em um local remoto em Palawan, uma ilha nas Filipinas. Eles sentiram que haviam encontrado o local perfeito para cumprir o que Deus os chamou para fazer: implantar igrejas e traduzir o Novo Testamento para a língua nativa de um povo que não tinha a Palavra de Deus.

Assim como Deus fez preparativos para Jesus muito tempo antes de ele vir ao mundo, ele também fez preparativos para as grandes obras que planejou para você fazer.

Como um dos lugares exibidos na *National Geographic*, o exuberante vale da floresta era pontilhado de 34 comunidades que viviam em cabanas, estando cada uma a cerca de quinze minutos a pé uma da outra. Não era o fim do mundo, mas era quase possível vê-lo de lá.

O que Donna e Bill não sabiam era que a Frente Moro de Libertação Nacional (MNLF, sigla em inglês), um grupo de rebeldes muçulmanos, estava na região também.

Os homens à sua porta eram membros filipinos e malásios da Frente, decididos a "libertar" a parte sul de Palawan.

"Estamos entrando na selva", disse o jovem líder à Donna, depois de ela dizer que Bill não estava em casa. "Se vocês ficarem de fora dos nossos negócios, vamos deixá-los em paz, mas se se intrometerem em nossos assuntos, vamos matá-los."

Donna olhou para suas filhas. *Eu não vim parar aqui para isso*, ela pensou.

Dezenas de pessoas esperavam na fila para serem mergulhadas na água por uma criatura que parecia um Homem das Neves dos tempos antigos. Com o cabelo para baixo dos ombros, barba cheia e roupas feitas de pele de camelo, João Batista estava em pé no meio do rio, empurrando-as para baixo e puxando-as para cima.

Pouco a pouco, as pessoas entravam na água para se aproximarem de João. Entravam e saíam da água enquanto se arrependiam de seus pecados.

De repente, o queixo de João caiu. Ele recuou e congelou. Frente a frente com Jesus, João não sabia o que fazer. Como ele poderia batizar o Messias, o Cristo?

O apóstolo Mateus relata João tentando impedir Jesus, dizendo: "Eu preciso ser batizado por ti, e tu vens a mim?" (Mateus 3.14).

Foi aí que Jesus pôs tudo em perspectiva para João. "Deixe assim por enquanto; convém que assim façamos, para cumprir toda a justiça" (v. 15).

Ao dizer seu batismo estaria "cumprindo toda a justiça", Jesus foi percebendo que os preparativos haviam sido feitos para que fosse batizado. Isso fazia parte de um grande plano que foi elaborado muito antes de Jesus entrar no rio Jordão naquele dia.

As Escrituras descrevem previamente os detalhes de seu nascimento, incluindo o local, aqueles que viriam adorá-lo, aqueles que tentariam matá-lo, para onde sua família fugiria e quem seria sua família, a família de Davi na qual ele nasceria.

As Escrituras descrevem como ele morreria, os detalhes de sua traição por Judas, a negação de Pedro, sua tortura e suas últimas palavras na cruz. Elas também detalham os preparativos feitos pelo Espírito Santo para capacitá-lo, pela Palavra Deus para ser seu documento verdadeiro e pelos discípulos que iriam servir com ele.

AJUDA
Necessária

Em todas as partes do mundo, 443 mil missionários cristãos em 4.340 agências atualmente são enviados para países estrangeiros.[1]

A Bíblia nos diz que o próprio João Batista veio para preparar o caminho para Jesus. Além disso, o ministério de João também foi preparado pelo profeta Isaías, que disse: "Uma voz clama: 'No deserto preparem o caminho para o Senhor; façam no deserto um caminho reto para o nosso Deus'" (Isaías 40.3).

Assim como Deus fez preparativos para Jesus muito tempo antes de ele vir ao mundo, ele também fez preparativos para as grandes obras que planejou para você fazer.

"Bendito seja o Deus e Pai de nosso Senhor Jesus Cristo, que nos abençoou com todas as bênçãos espirituais nas regiões celestiais em Cristo. Porque Deus nos escolheu nele antes da criação do mundo" (Efésios 1.3,4).

Todas as possíveis vantagens espirituais que Deus poderia ter reservado para você, ele reservou.

Ele pôs seu nome no plano muito antes até de seus tataravós nascerem. Tudo isso por um simples propósito: prepará-lo para que você fizesse algo para sua vida valer a pena.

Mais para uma mulher de classe do que de estilo "mim Tarzan, você Jane", Donna seria a primeira a dizer que uma cabana de bambu, sem água encanada e sem energia elétrica, não era sua primeira escolha para uma casa.

Agora, além disso, rebeldes islâmicos? *Eu acho que não.*

No entanto, enquanto Donna e Bill conversavam e oravam sobre isso, eles perceberam que era, na realidade, algo que seu amado pastor sempre dizia quando voltava para casa: "Não duvide na escuridão do que Deus tem mostrado na luz." Donna e Bill estavam certos de que Deus os havia levado "na luz" no meio da selva. Isso foi confirmado alguns anos mais tarde.

Bill estava falando de forma geral sobre a Bíblia quando um homem velho, um líder do clã da parte sul da ilha, apareceu. Ele não era cristão. Ouviu e, ao final, fez o que um palawano educado faz para mostrar que havia prestado atenção: ele resumiu toda a mensagem em voz alta.

Ele realmente entendeu, pensou Bill.

Dois anos depois, a esposa desse homem, uma pequena palawana já de idade, visitou Bill e Donna na varanda da cabana deles.

"Sabe", a mulher casualmente comentou em sua língua nativa, "a única razão por que minha família ouviu vocês foi por causa do que meu pai disse quando eu era criança."

Bill perguntou o que ela queria dizer.

A mulher palawana respondeu que seu pai havia sido um tipo de profeta na tribo, um líder espiritual de alto nível. Quando ela era criança, o que deveria ter sido antes da 2ª Guerra Mundial, seu pai fez com que ela, seus irmãos e primos se sentassem e contou-lhes algo.

"Algum dia, os norte-americanos virão com um livro", ele disse. "Eles vão viver entre os palawanos e dizer como conhecer a Deus e ter a vida eterna. Essa será a verdade, e vocês devem acreditar."

Quando Bill e Donna chegaram ao vale e começaram a ensinar, a avó soube do fato e ficou perturbando o marido: "Vá ver o que os norte-americanos estão ensinando. Talvez seja isso que meu pai nos dizia."

O palawano finalmente foi. Era ele o velho que "entendeu a mensagem". Tanto ele como sua esposa tornaram-se cristãos.

....

Deus estava preparando o ministério em Palawan muito antes de Bill e Donna nascerem. Deus também sabia que os rebeldes iriam aparecer à porta de Donna. Ele sabia que ela estaria em casa sozinha com as crianças pequenas. Ele sabia que ela não estava totalmente confortável com a vida na selva e que gostaria de voltar para San Diego. Assim, para mantê-los na direção certa, ele preparou o pastor de Bill e Donna para ensinar o princípio fundamental de crer no que se aprendeu na luz, mesmo quando se está no escuro.

Faz 28 anos que Bill e Donna estão em Palawan. Os rebeldes deixaram-nos em paz, e os dois implantaram várias igrejas e também estão quase concluindo a tradução do Novo Testamento para a língua indígena.

Você e eu não somos messias, claro, mas, assim como Jesus veio para fazer alguma coisa a fim de amar este mundo, também temos um mandato para fazer alguma coisa amorosa e, na medida do possível, trazer esperança aos que não a têm. Assim como Deus fez todos os preparativos necessários para Jesus cumprir seu propósito, ele fez o mesmo para nosso êxito também.

Jesus precisou de apenas três anos para causar um impacto no mundo. E foi um impacto que ainda está repercutindo fortemente há quase dois mil anos depois. Isso não aconteceu apenas porque ele foi bem preparado, mas porque fez alguma coisa com relação àqueles preparativos.

Ele tirou vantagem deles.

As apostas são altas. Deus preparou eternamente você para fazer algo significativo na vida de alguém. Na 2ª parte, você terá noções sobre como Deus fez os preparativos para que você faça sua vida valer. Não perca nem mais um minuto.

FAÇA ALGUMA COISA

ATIVIDADES

Identifique uma habilidade para a qual você foi preparado e que não poderia ter vindo de outra pessoa a não ser de Deus. Então, com essa habilidade em mente, escreva no papel um tipo de pessoa que você acha que ele o preparou para ajudar.

Querido Senhor, por favor, dá-me olhos para ver os preparativos que fizeste para mim. Por favor, dá-me fé para crer que o que considero ser uma coincidência possa ser, na verdade, o trabalho avançado de suas mãos.

2

Romeo

Propósito–Obediência

Respondeu Jesus: "Se alguém me ama, obedecerá à minha palavra. Meu Pai o amará, nós viremos a ele e faremos morada nele."

— João 14.23

— Sheri está na linha — anunciou o DJ da rádio. — Sheri, você está aí?

— Estou. Oi! — Sheri respondeu. Era estranho falar ao telefone e ouvir a própria voz no rádio uma fração de segundo depois. Ela desligou o aparelho de som.

— Bem-vinda à "Guerra das Rosas", Sheri! E aí? Beleza?

— Tudo bem... Eu acho. — Ela suspirou. Não tinha vontade de admitir que seu coração estava partido.

— Então, conta *pra* gente o que está pegando, é seu marido?

— É, é meu marido, Romeo. Estamos casados há seis meses e, hum, eu acho que ele está me traindo.

— Caramba! Isso é barra, Sheri. Conte pra gente por que você acha isso.

— Bem... — ela respirou fundo — quando nós nos conhecemos, passávamos o dia todo juntos. Fazíamos coisas como dar uma volta no parque todo sábado, andar de mãos dadas, conversar sobre tudo, especialmente que não víamos a hora de ter uma família juntos. Ele sempre me dizia que me amava. Era como meu melhor amigo...

— E o que aconteceu? — interrompeu o apresentador da rádio.

— Há mais ou menos dois meses ele começou a me dizer que tinha que trabalhar até tarde da noite nas sextas e, nos sábados de manhã, estava cansado demais para passear.

— Foi só isso que mudou? — o DJ perguntou.

Sheri percebeu que começou a ficar com água nos olhos.

— Não. Encontrei batom em uma camisa na sacola que ele estava levando para a tinturaria. Não era meu.

— Opa! — o DJ murmurou.

— E tem mais — Sheri sussurrou, fungando. — Alguém fica ligando para casa, mas, quando atendo o telefone, a pessoa desliga. No último sábado, Romeo dormia novamente e, naquela noite, o telefone tocou. Eu atendi e, de novo, a pessoa desligou o telefone na minha cara. Cinco minutos depois, Romeo saiu de casa e só voltou depois de três horas.

O DJ reagiu de forma solidária e depois disse: "Ouça, a gente pode ajudar você a ir fundo nessa história. A gente vai pedir para o Joe ligar para o Romeo e oferecer uma dúzia de rosas para ele enviar a quem quiser, de graça. Tomara que ele envie as rosas para você. Você quer que a gente faça isso, Sheri?

Fungando e respirando fundo, Sheri respondeu: — Tudo bem.

— Você tem certeza de que está preparada para isso, aconteça o que acontecer? — perguntou o DJ.

Sheri não hesitou. — Sim. Preciso saber.

— Tudo bem, Sheri. Então a gente vai colocar Romeo na linha.

Sheri ouviu um sinal de linha, os sons fracos de um número sendo discado e meia dúzia de toques. Então...

— Alô?

Ela reconheceu a voz de Romeo.

— Alô. É Romeo? — Joe perguntou.

— É. Quem está falando?

— Oi, Romeo. Meu nome é Joe. Estou ligando da Truly Yours, uma floricultura nova que acabou de abrir em seu bairro. Estamos oferecendo uma dúzia de rosas de graça para você enviar a quem quiser. Sem compromisso. É só um jeito de nos apresentarmos à comunidade.

— Você disse *de graça*? — Romeo parecia desconfiado.

— Isso mesmo. Grátis.

— Qual é a pegadinha? — Romeo perguntou.

— Não tem pegadinha nenhuma, Romeo. Você pode enviar as rosas de graça para quem quiser. Nós só precisamos de um nome, um endereço e algo escrito no cartão. Só isso. Você vai querer?

— De graça?

— É!

— Tudo bem, eu quero.

— Maravilha! Que nome você gostaria de colocar no cartão? — Joe perguntou.

— Hum...

Sheri mordeu os lábios.

— Laurie...

Ela prendeu a respiração.

— Certo. E o que você gostaria de dizer no cartão?

— *Sábado foi maravilhoso. Mal posso esperar para ver você neste final de semana.* Que tal?

Sheri não conseguiu mais se controlar. — Romeo! Como você pôde fazer isso? — ela gritou no telefone. — *Quem é Laurie!?*

— Sheri? É você? O que está acontecendo?

— Eu é que gostaria de saber! Quem é Laurie? Com quem você está me traindo?

A cerimônia de casamento deles e todas as promessas trocadas, passou pela cabeça de Sheri, e ela sentiu sua vida desmoronando ao seu redor. Pensou em todos os momentos íntimos em que se sentiu vulnerável, mas protegida, segura nos braços dele.

— Ela não é nada! — Romeo gaguejava para explicar. — É só uma mulher que conheci no bar uma noite dessas.

— Seu mentiroso!

— Ela não significa nada para mim! Sheri, o que você está fazendo? Isso é besteira! Você sabe que eu amo você.

Jesus vivia cercado de homens com trajes religiosos e turbantes de muitas cores. Eles se revezavam para sabatiná-lo, como um time de luta livre.

Primeiro os saduceus confrontaram Jesus acerca da ressurreição. Eles estavam "tristes", porque não acreditavam nela.

Depois de Jesus confundi-los com sua sabedoria, eles foram embora com o rabinho entre as pernas e juntaram-se aos fariseus, que saltaram para dentro do ringue para tentar algo com Jesus.

Jesus deve ter girado os olhos quando um dos fariseus o desafiou com uma das perguntas do *Show do Milhão*, "Mestre, qual foi o maior mandamento da Lei?"

Jesus respondeu: "'Ame o Senhor, o seu Deus de todo o seu coração, de toda a sua alma e de todo o seu entendimento'. Este é o primeiro e maior mandamento. E o segundo é semelhante a ele: 'Ame o seu próximo como a si mesmo'. Destes dois mandamentos dependem toda a Lei e os Profetas" (Mateus 22.36-40).

O propósito de Deus para sua vida é que você o ame por meio da obediência.

Qual é a maneira mais rápida de ser abençoado por Deus? É fácil: obedeça ao maior mandamento que consiste em amar a Deus e ao seu próximo.

Amar o mundo foi, sem dúvida, o propósito da vida de Jesus. Você já conhece bem este versículo bíblico: "Porque Deus tanto amou o mundo que deu o seu Filho Unigênito [...]" (João 3.16). Esse também é o propósito de nossa vida. Em outras palavras, o fundamento de tudo o que fazemos deve ser motivado pelo amor a Deus e ao nosso próximo. Jesus também disse que as pessoas saberiam que éramos seus discípulos por meio do amor que teríamos uns pelos outros (João 13.35).

....

Se Romeo amasse Sheri, como ele dizia, por que se viu no programa de rádio sendo criticado duramente por ela?

Deixe-me dizer por quê. Romeo não sabia que o amor tem regras. Ou, se sabia, ele simplesmente as ignorou.

Amar a Deus não é uma boa intenção apoiada em emoções. Amar a Deus significa *obedecer* a Deus.

A primeira epístola de João 5.3 diz: "Porque nisto consiste o amor a Deus: em obedecer aos seus mandamentos."

A principal regra para amar é obedecer a Deus.

É isso.

Uma vez que o segundo mandamento, amar ao seu próximo como a si mesmo, é uma extensão do primeiro, sua definição também é muito simples.

Se amar a Deus significa obedecer aos seus mandamentos, amar outra pessoa significa ajudá-la a obedecer a Deus.

Quando Romeo viu Laurie no bar, seus hormônios gritaram: *Dá só uma olhada! Você quer beijá-la, não quer? Correção: você precisa beijá-la! Vai, cara, vai!*

Naquele momento, Romeo deveria ter demonstrado amor por sua esposa e saído do bar.

O amor não tem uma cláusula de "autonomia" emocional que diz: *Posso obedecer quando tiver vontade.* Não, amor é um compromisso, não uma emoção. Haverá momentos em que nossa disposição — ou nossa condição emocional ou desejo físico — não terá vontade de obedecer a Deus. Mas isso é uma pena. Se realmente amarmos alguém, faremos todo o possível para permanecer fiéis a esse amor. Ponto final. Fim de papo. Esse é o maior mandamento. Esse é o propósito que Deus nos deu.

Jesus entregou sua vida, não por causa de alguma ligação emocional com alguém ou alguma coisa, mas por causa da obediência. Sua obediência levou-o ao deserto para ser tentado pelo diabo. Foi ela que o levou a todos os seus milagres. Sua obediência abriu caminho para que nossos pecados fossem perdoados.

Ele se humilhou e morreu na cruz por causa da obediência (Filipenses 2.3-8).

O ato de obediência de Jesus é o que possibilita nossos atos de obediência.

O propósito de Deus para sua vida é que você o ame por meio da obediência. Ele o criou para fazer algo grande com sua vida. Cada um de nós tem coisas especiais para fazer, mas o que quer que façamos deve ser feito por obediência a Deus.

Na parte 3 deste livro, você examinará cinco lições de Jesus sobre como cumprir seu propósito de amar a Deus por meio da humilde obediência.

FAÇA ALGUMA COISA

ATIVIDADES

Identifique uma área de sua vida em que você sabe que é desobediente a Deus. Agora escreva o primeiro passo que você pode tomar para levar essa área de sua vida novamente à obediência.

Vou obedecer a Deus no que diz respeito a __________

____

____

Querido Senhor, quero te amar de todo o meu coração. Por favor, revela-me aquelas áreas de minha vida que são desobedientes a ti, Senhor. Por favor, dá-me clara direção por meio de tua Palavra, de outras pessoas ou daquela voz ainda baixinha em meu coração sobre como levar minha vida a ser obediente a ti.

3

Treinamento

Pesar–Não tem só de doer

De onde vêm as guerras e contendas que há entre vocês? Não vêm das paixões que guerreiam dentro de vocês?

— Tiago 4.1

O telefone tocou enquanto minha esposa Debbie e eu estávamos fazendo as malas para um longo final de semana no litoral. Era meu técnico ao telefone.

"Miles, tenho uma má notícia para você."

Eu estava entrando em minha quinta temporada como jogador na posição de defesa do San Diego Chargers e nosso futebol minicampo estava para acontecer a apenas algumas semanas. Realizado em um campo de treinamento durante a primavera, o minicampo dura cerca de quatro dias e normalmente acontece logo após o sorteio dos jogadores da faculdade.

Má notícia? Vou ser cortado? Não seria a primeira vez.

Faltando seis semanas para a temporada regular, os campos de treinamento da Liga Nacional de Futebol (NFL, sigla em inglês) normalmente começam com cerca de cem jogadores e, em média, nove deles são cortados por semana. Ser cortado significa ser despedido — sem aviso prévio, sem gestos calorosos de carinho. Seu contrato é rasgado e cancelado.

Com uma carreira com menos de quatro anos em média, NFL, na verdade, significa, Não Foi Longe .

No entanto, não é agradável ver jogadores sendo cortados. Os técnicos normalmente tentam informá-los quando ninguém está por perto. A próxima coisa que se percebe são os jogadores com roupas comuns, às vezes com lágrimas nos olhos, dando apertos de mão e abraços nos jogadores de uniforme.

Mas nem sempre as coisas funcionam assim. Às vezes os jogadores são notificados enquanto entram no vestiário antes do treino, ou são retirados de reuniões, ou mesmo pegos quando estão amarrando os cadarços.

Na primeira vez em que fui cortado, chorei.

Eu era novato no Los Angeles Rams e estava deitado na cama em meu quarto de hotel. Era o dia do último corte de 53 rapazes. Ouvi uma batida na porta. Saltei da cama, fui até a porta e respirei fundo enquanto meu coração disparava. Preparei-me para a má notícia e abri a porta.

"Hola. ¿Como esta usted? ¿Necesita servicio de cuarto?"

O cabelo da mulher voou para trás quando dei meu suspiro de alívio. "Não, obrigado!" Parei por um segundo e depois bati a porta.

Trinta minutos depois, enquanto eu ia para o vestiário, o preparador físico pediu-me para ir falar com o diretor-geral.

O mais devagar possível, atravessei o campo em direção ao escritório do diretor, pensando: *O meu lugar é lá fora. Sei as jogadas.* Posso fazer isso. Esses talvez fossem meus últimos minutos na NFL e na Califórnia.

Será que vou voltar para a Universidade de New Haven e para a faculdade de engenharia? Sem chance.

Volto para casa em Nova York então? E faço o quê?

Sou jogador de futebol. Só preciso de um time.

Como era de esperar, o diretor me disse que eu estava dispensado. Contudo, ele pediu para eu voltar no dia seguinte, para que eu não sabia.

De volta ao meu quarto de hotel, deitei-me na cama e chorei. Não sabia o que ia fazer.

No dia seguinte, entrei no escritório do diretor, não esperando outra coisa senão uma passagem de avião para casa.

O diretor estava com um sorriso largo no rosto.

Não tem nenhuma graça nisso, mano. Do que você está rindo?

Mas, de repente, houve esperança. Eles queriam pagar para me manter na cidade, caso alguém do time ficasse machucado.

Nove semanas depois assinei um contrato com o San Diego Chargers.

Na segunda vez em que fui cortado, o diretor não estava sorrindo. Meu técnico pegou-me no vestiário e pediu meu livro de jogadas. Isso aconteceu durante a temporada depois de eu ter sido escolhido para a equipe, em meu quarto ano no Chargers. Debbie estava grávida de sete meses de nosso primeiro filho. Havíamos acabado de comprar nossa primeira casa e, para piorar as coisas, meu corte aconteceu no dia anterior à minha condição de apto para o plano de aposentadoria da NFL.

Sim, um dia antes.

Arrumei um emprego de meio período e voltei para a faculdade. Cinco semanas depois, o Chargers pediu minha volta para a equipe para jogar o restante da temporada. Debbie e eu também tivemos uma filha saudável.

A terceira vez? Será que vou ser cortado de novo? E, ah, sim, estávamos bem desconfiados de que Debbie estivesse grávida.

AJUDA
Necessária

Em 2009, mais de 4 milhões de pessoas na União Europeia perderam o emprego.[2]

A multidão foi embora. Um intérprete da Lei esperto e rico, do tipo que usava um terno Armani do século 1º, veio cheio de pose em direção a Jesus. Com um sorriso dissimulado, ele falou alto o suficiente para a multidão ouvir: "Bom Mestre, o que preciso fazer de bom para ir para o céu?"

Todos se voltaram para ouvir a resposta de Jesus.

Jesus olhou para o jovem rico por um instante e depois disse algo assim: "Se você me chama de bom, então precisa me chamar de Deus. E se você quer entrar na vida eterna, precisa obedecer aos mandamentos."

Agora o "Paizão" começou a sorrir de verdade. Ele podia ser cheio de si, mas conhecia a lei do Antigo Testamento. Ele rebateu: "Quais?"

Esse rapaz não era idiota. Ele não faria essas perguntas diante de todas essas pessoas se não estivesse convencido de que tinha as respostas certas. Sua reputação estava em risco.

Bem, Jesus também era esperto. Na verdade, sendo Deus, ele sabia tudo sobre o intérprete da Lei "cheio de graça" e sobre seu joguinho de autojustificação. Ele sabia onde o homem queria chegar, mas, mesmo assim, deu-lhe a resposta esperada.

"Não matarás, não adulterarás, não furtarás, não darás falso testemunho, honra teu pai e tua mãe; e amarás o teu próximo como a ti mesmo [...]"

Por mais que examinemos a dor, ela sempre fará parte de nossa vida, mas ela pode fazer mais do que simplesmente machucar.

O jovem estendeu os braços com a palma das mãos para cima e olhou para a multidão de ambos os lados. — É como pensei! Vou para o céu. Obrigado, Jesus, por esclarecer que todos os que ouvem...

— Vá com calma, companheiro — disse Jesus (estou parafraseando aqui!), interrompendo a parte em que ele dizia "sou destinado ao céu" — Se quer ser perfeito, vá, venda seus bens e dê o dinheiro aos pobres, e você terá um tesouro nos céus. Depois, venha e siga-me.

O sorriso do intérprete caiu feito um tijolo. *Abrir mão de minha Mercedes Benz?*, ele pensou. *Vender minhas telas planas? Morar em um apartamento? Onde você quer que eu faça compras?*

A multidão começou a murmurar. Dessa vez sem fala, o jovem rico se virou e desapareceu no meio da multidão. (Veja Lucas 18.18-32.)

A dor é inevitável em nossa vida. Às vezes ela é física, em outras, emocional. É resultado de uma vida em um mundo destruído. Suas possíveis causas são perseguições, mexericos, traições, bobagens que fazemos a nós mesmos ou até momentos em que nos levantamos em defesa de Deus.

Por mais que examinemos a dor, ela sempre fará parte de nossa vida, mas ela pode fazer mais do que simplesmente machucar.

Em cada situação difícil que enfrentarmos, Deus nos dará uma oportunidade de confiar que ele não só nos fará atravessar essa situação, mas também nos ajudará a cultivar uma confiança mais profunda nele por meio da dor.

Diante daquela ligação de meu técnico, tive de conciliar meus sonhos com a convicção de que ser cortado do *Chargers* poderia render algo bom.

Eu precisava perceber que a dor pode fazer mais do que simplesmente machucar. Foi só na terceira vez que Deus conseguiu enfiar a mensagem em minha cabeça dura, mas, finalmente, entendi.

Na primeira vez em que fui cortado, fiquei triste. Chorei, completamente perdido e desnorteado.

Na segunda vez em que fui cortado, fiquei indignado. Era como se eu tivesse sido intencionalmente enganado depois de conseguir entrar no time.

Sim, essa era minha terceira vez, mas, em vez de ficar triste ou indignado, fiquei feliz.

Por quê?

Porque aprendi a confiar que Deus tinha um plano.

Mesmo quando as pessoas fazem mal a você, Deus tem um plano para converter as experiências em algo positivo em sua vida. Em alguns casos, você pode não perceber o plano por um bom tempo ou nunca percebê-lo. Mas, não se preocupe, pois existe um plano, porque um Deus amoroso está no controle. Deus sempre cuida de nós.

A ferida aberta pela dor é extremamente valorizada. O medo é causado pela expectativa de que algo indesejável irá acontecer. Mas, se pensarmos nisso, uma vez que superamos a experiência dolorosa, muitas vezes nos vemos mais fortes e mais próximos de Deus.

O intérprete da Lei jovem e rico não pôde confiar em Deus a ponto de perder seus bens — não pôde imaginar que Deus lhe proveria algo melhor. Ele desconhecia as bênçãos que estavam do outro lado da penosa separação de seus símbolos de *status*. Consequentemente, ele foi embora cheio de tristeza.

Deus foi tão fiel nas duas primeiras vezes em que fui cortado que eu estava convencido de que ele tinha algo muito melhor preparado para mim naquela terceira vez. Pela perspectiva humana, eu estava perdendo meu emprego, mas, pela perspectiva de Deus, eu estava passando para minha próxima missão.

Deus deixou aquele fato tão claro para mim que pude, sem amargura, dar adeus a meu técnico, Don Coryell, um dos melhores técnicos de futebol americano de todos os tempos. Não só isso, mas, por causa de seu temperamento dócil e de nosso bom relacionamento, pude pôr o braço em torno dele e orar por ele antes de sair do estádio pela última vez.

Tomei a decisão de querer o que Deus queria, não o que eu queria.

Se você não quer que a dor simplesmente machuque, *faça algo* e *confie que Deus sabe o que ele está fazendo*. Na parte 4 você aprenderá cinco maneiras pelas quais Deus pode ajudá-lo a transformar a dor em algo poderoso em sua vida. A dor pode fazer mais do que simplesmente machucar.

Por falar nisso, depois de descobrir que fui cortado, desliguei o telefone e fui me divertir no litoral. E, ah, sim, minha esposa estava grávida.

FAÇA ALGUMA COISA

ATIVIDADES

Pense na última vez em que você passou por uma situação difícil e identifique uma lição positiva que resultou dessa situação.
Compartilhe essa lição com alguém hoje e seja abençoado.

Querido Senhor, obrigado por tua fidelidade enquanto me fazes passar por minhas provações. Obrigado pelas lições que me ensinaste. Por favor, traz uma pessoa ferida à minha vida hoje a quem eu possa abençoar com minha história de confiança.

4

Greg e Cindy

Poder–A capacidade de fazer

> Àquele que é capaz de fazer infinitamente mais do que tudo o que pedimos ou pensamos, de acordo com o seu poder que atua em nós, a ele seja a glória na igreja e em Cristo Jesus, por todas as gerações, para todo o sempre! Amém!
>
> — Efésios 3.20,21

Três membros seniores de minha equipe e eu ficamos paralisados na cadeira à mesa de reuniões. Acho que ficamos com a boca aberta também. A voz em minha cabeça estava gritando: *O que este rapaz acabou de dizer?*

Do outro lado da mesa, o consultor responsável por angariar fundos para o projeto de construção batia o dedo nos relatórios financeiros. "Vocês precisam de 8,3 milhões de dólares em quatro meses e, com base na análise financeira, não têm ninguém na Rock Church com todo esse dinheiro", ele disse.

A idade média das pessoas que frequentavam nossa igreja era de 29 anos, por isso eu sabia que ele provavelmente tinha razão.

Fazia quatro anos que havíamos encontrado o prédio de quase 22.700 metros quadrados que queríamos transformar em uma igreja e em um complexo de escolas. Ele era quase uma vez e meia a extensão de um campo de futebol — aproximadamente 135 metros de extensão — e tinha quase 14 metros de altura. O tamanho da arca de Noé, na verdade.

Antes uma escola em uma base naval destinada a treinar pessoas para guerras humanas, o prédio iria tornar-se um centro de treinamento de pessoas para as batalhas espirituais de Deus. Planejávamos demolir metade da estrutura e construir um templo com 3.500 assentos, que seria dividido em 66 setores, um para cada livro da Bíblia, tendo um versículo em cada assento. Imaginávamos um telão de alta definição com quase 335 metros quadrados, 24 lugares de oração, um Santo dos Santos — uma área extensa para as pessoas ao atenderem apelos feitos do púlpito. A outra metade seria transformada em escritórios, livrarias e lanchonetes com serviço completo, e uma escola moderníssima para crianças do jardim de infância ao ensino médio.

Havia quase quatro anos que estávamos levantando dinheiro, tentando financiamentos, correndo atrás de licenças, projetando o prédio e promovendo o projeto no púlpito. Estávamos mostrando à congregação projetos arquitetônicos e como usaríamos o prédio para evangelizar o Condado de San Diego e o mundo. Com dezenas de empreiteiras na fila e o projeto de publicidade preparado, tudo apontava para uma caução em 15 de setembro, com o início da construção prevista para trinta dias depois. O relógio estava andando.

Agora tudo estava em perigo. O atraso no compromisso de 7,2 milhões de dólares encostou-nos na parede.

O relatório financeiro mensal que dávamos regularmente para a igreja estava agendado para o domingo seguinte. Tínhamos somente quatro meses para apresentar ao banco o dinheiro necessário — não orações nem versículos bíblicos. O consultor, tendo com base sua análise financeira e as melhores técnicas decorrentes de anos de experiência, deu-me instruções claras.

"Peça somente 1,1 milhão de dólares. Mesmo precisando de 8,3 milhões, parta do princípio de que você dará uma garantia de 7,2 milhões e diga à igreja que você precisa de 1,1 milhão", ele disse. "Você não vai querer desanimar sua igreja pedindo 8,3 milhões em apenas quatro meses."

Ele me olhou nos olhos. "Confie em mim. Faça uma pressão na garantia de 7,2 milhões e consiga a quantia restante de 1,1 milhão com a igreja. É só isso que ela pode dar."

Tudo o que separava Jesus, ensanguentado, e trezentos soldados romanos eram as colunas de cor de canela que sustentavam a laje de pedra do salão de reuniões no porão do palácio de Pôncio Pilatos. Com capacetes dourados e túnicas vermelhas, os guerreiros cercavam o Salvador espancado enquanto Pôncio Pilatos o interrogava. Do lado de fora, a multidão irritada gritava: "Crucifica-o! Crucifica-o!"

Pilatos, o governador romano, estava sendo pressionado pelos líderes judeus para executar Jesus porque ele se declarava Deus.

Enquanto seus soldados riam em silêncio do homem que consideravam um pseudorrei patético e indefeso dos judeus, Pilatos pouco a pouco se pavoneava em torno dele.

"Você se nega a falar comigo?", ele perguntou. "Não sabe que eu tenho autoridade para libertá-lo e para crucificá-lo?" (João 19.10).

O poder máximo que um homem pode ter sobre outro é o direito de matá-lo segundo a lei. Pilatos tinha essa autoridade sobre Jesus. Mas, por alguma razão, o "falso" rei dos judeus não parecia se incomodar. Em vez disso, Jesus respondeu: "Não terias nenhuma autoridade sobre mim, se esta não te fosse dada de cima" (João 19.11).

Pilatos não entendia que havia dois tipos de poder, e ambos eram dados por Deus. Ele tinha um grande poder na Terra na forma de autoridade judicial, capacidade e oportunidade para crucificar pessoas, mas esse poder estava limitado ao mundo natural. Pilatos pôde matar o corpo de Jesus, no entanto não pôde manter Jesus no túmulo (leia Mateus 10.28).

Jesus tinha uma forma superior de poder. Pilatos não fazia a menor ideia de que o poder de Jesus era espiritual. O poder espiritual pode chegar ao mundo físico e anular qualquer coisa que o poder natural tenha feito. Jesus tinha, e ainda tem, a autoridade, a capacidade e a oportunidade de fazer qualquer coisa que queira; ele pode vencer o poder natural se quiser.

Esse poder está fundamentado unicamente no relacionamento de uma pessoa com Deus. Ele é dado por Deus de forma individual.

Seguindo Jesus, cujo corpo estava tremendo e sangrando, Pilatos perguntou: "Você é o rei dos judeus?" (João 18.33).

Basicamente, ele estava perguntando: *Se você é rei, onde está seu reino? Onde está seu poder? Por que você não pôde impedir que fosse preso e tratado assim pelo povo sobre o qual deveria ser rei? Ajude-me a entender tudo isso, Jesus.*

Jesus era de outro reino e tinha um tipo diferente de superpoder. Em João 18.36, ele disse: "O meu Reino não é deste mundo. Se fosse, os meus servos lutariam para impedir que os judeus me prendessem. Mas agora o meu Reino não é daqui."

O problema com a sugestão dada por nosso consultor financeiro era que ela não considerava a possibilidade de um milagre. Por outro lado, competia a ele advertir-nos com base nos números. Nossa responsabilidade era agir com fé naquilo que acreditássemos que Deus poderia e iria fazer. Se quisesse, Deus poderia intervir espiritualmente em nossa situação natural.

Se Deus nos colocasse contra a parede, tudo o que poderíamos fazer seria obedecer e confiar que ele nos tiraria dali e nos colocaria novamente no meio do ringue.

Jesus teve acesso ao poder espiritual — autoridade, capacidade e oportunidade até de vencer a morte. Foi por essa razão que ele não se preocupou com a ameaça de Pilatos de crucificá-lo.

Foi também a razão por que eu disse à igreja que precisávamos de 8,3 milhões de dólares. Eu disse que precisávamos, no mínimo, de 1,1 milhão. Contudo, expliquei que uma garantia de 7,2 milhões estava em risco e, se não desse em nada, precisaríamos de fato de 8,3 milhões.

Assim como o poder de Jesus podia anular uma sentença de morte, Deus podia intervir em nossa situação e dar-nos o dinheiro de que precisávamos.

Se quiser fazer obras maiores que as de Jesus, assim como ele prometeu que você poderia, então você precisa de poder espiritual. Você não tem como cumprir seu propósito espiritual sem esse poder.

Após o culto naquele domingo em que anunciei nossas necessidades financeiras, um homem careca de 1,87 metro de altura e quase cem quilos, de cavanhaque, *shorts* e camiseta deu-me um tapinha no ombro. Ele disse que queria conversar sobre recursos financeiros para a construção. Mesmo tendo ouvido antes ofertas como essa que não vingaram, concordei em me encontrar com ele.

Uma semana depois, conheci Greg e sua esposa, Cindy. Eles eram novos na igreja e não estavam entre os números de nossa análise financeira. Na verdade, eles moravam a cinco horas de distância e viajavam regularmente — em seu próprio avião — para visitar a filha, que frequentava nossa igreja enquanto estudava em uma faculdade da cidade.

Eles disseram que em um de nossos cultos o Senhor lhes disse para ajudar a igreja com a quantia de 1,1 milhão de dólares. Dois dias depois apareceu um corretor oferecendo-se para vender parte dos negócios de Greg, o que ele, no final, fez.

A mão poderosa de Deus estava estendida do mundo espiritual para nosso mundo físico e agitando as coisas.

Alguns meses depois, em 4 de setembro, a venda deles estava completa. Em 10 de setembro, Greg, Cindy e a filha, Rebekah, viajaram para San Diego em seu avião, sentaram-se diante de mim à mesa de um restaurante e deixaram um cheque no valor de 5,5 milhões de dólares encostado no saleiro.

Sobretudo, Deus tem o desejo de abençoar você com o poder espiritual vindo do céu — a autoridade, a capacidade e a oportunidade de fazer algo além de sua imaginação.

Peguei aquele cheque cerca de dez vezes durante o almoço. Eu precisava assegurar para mim mesmo de que ele era de verdade. Continuei a dizer para mim que Deus realmente respondeu às nossas orações.

Logo depois disso, ao darmos uma segunda olhada em todas as nossas finanças e recebermos um adicional de um milhão de dólares em doações, pudemos cumprir a caução. A garantia de 7,2 milhões não foi necessária, mas, mesmo assim, Deus ajudou-nos a começar a construção em tempo.

Deus não só tem milhares de cabeças de gado nas colinas, mas também tem imaginação (Salmo 50.10). Deus tem recursos que você desconhece.

Ele tem o tempo certo que você desconhece.

Ele tem ideias e pensamentos que estão tão acima de nossa cabeça assim como os céus (Isaías 55.9).

Ele pode mover o coração do ser humano como rios de águas.

Sobretudo, Deus tem o desejo de abençoar você com o poder espiritual vindo do céu — a autoridade, a capacidade e a oportunidade de fazer algo além de sua imaginação.

Jesus não só prometeu que iríamos realizar obras maiores que as dele, mas também nos preparou com as ferramentas necessárias para realizá-las. Uma dessas ferramentas é o poder espiritual.

Na parte 5 você aprenderá cinco lições sobre como maximizar o poder de Deus em sua vida e como usá-lo para fazer algo de importância eterna.

FAÇA ALGUMA COISA

ATIVIDADES

Identifique um dilema em sua vida que requer a mão poderosa de Deus. Admita para Deus que você precisa da intervenção dele e depois mergulhe nesse dilema pela fé, certo de que Deus agirá em seu favor. Registre no papel o que Deus faz em seu favor para honrar sua fé.

Querido Senhor, reconheço que, sozinho, sou incapaz de fazer as coisas que queres que eu faça. Por favor, intervém em minha vida, sobretudo na situação que identifiquei anteriormente. Por favor, abre os olhos de meu coração para que eu possa ver teu poder agindo em minha vida.

5

Brian e Haley

Paixão–Nunca Desista

> Jesus respondeu: "Ninguém que põe a mão no arado e olha para trás é apto para o Reino de Deus."
>
> — Lucas 9.62

Brian esfregou as mãos voltadas para as chamas alaranjadas que tremeluziam na boca do barril preto de quase cem litros. Era um dia depois do Natal, e seu macacão coberto de graxa não conseguia manter o jovem de dezenove anos aquecido. Ele pensava em sua noiva, Haley, no horário de almoço na fazenda de Oregon, onde ele estava aprendendo silvicultura. Aquilo aquecia seu coração enquanto encarava o fogo.

As chamas começaram a estalar acima de sua cabeça. Brian pegou um balde de água que estava atrás dele para jogar no barril e o balançava acima do ombro. Quando o líquido começou a entornar, ele percebeu tarde demais que o cheiro não era de água, mas sim de gasolina.

Uma bola de fogo do tamanho de um carro o engoliu. Ele se transformou em uma tocha giratória. Dando tapas nas costas, ele se jogou no chão. Contudo, o chão era de cascalho e de nada adiantou para extinguir o fogo.

Seu chefe veio correndo e jogou um cobertor sobre ele, mas a roupa encharcada de graxa continuou a queimar. Ele tirou a roupa de Brian, levou-o até um furgão e dirigiu cerca de trinta quilômetros com Brian, queimado e em carne viva, até o hospital mais próximo. No caminho, a garganta inchada de Brian começou a sufocá-lo.

O fogo cozinhou Brian. Com queimaduras de terceiro grau em 97% do corpo, os médicos deram-lhe uma em mil chances de sobreviver.

Ele passou o primeiro mês em coma. Ao acordar, percebeu que estava cego. Perguntou à sua mãe: "Minhas mãos estão muito queimadas?" Ela respondeu que os médicos tiveram de amputar seus braços um pouco abaixo do cotovelo para evitar que ele tivesse uma infecção. Em seguida, ele perguntou: "E minhas pernas?" Ela respondeu que tiveram de amputar parte do pé direito e a perna esquerda logo abaixo do joelho.

Lá se foram também sua boa aparência morena e atlética e o futuro com que Haley e ele haviam sonhado, construindo uma cabana juntos, acampando e fazendo caminhadas. Talvez lá se fora também a chance de ter a família que eles queriam.

Agora Brian se perguntava: Haley também se foi?

Sangue e pedaços de carne caíam na sujeira enquanto o corpo retalhado de Jesus pendia na cruz.

Os que diziam bobagens no meio da multidão zombavam dele lá debaixo.

Ah! Você disse que tinha poder para ressuscitar dos mortos, eles gritavam. *Por que você não consegue nem descer dessa cruz? Falando nisso, por que, antes de mais nada, você não conseguiu impedir que o crucificassem? Hipócrita!*

Declarando-se Salvador, ele foi crucificado como um criminoso comum. Salve-se a si mesmo, e a nós!, zombou um dos ladrões crucificados com ele.

Os críticos de Jesus sentiram-se vingados. Lá estava a prova de que aquele homem era um trapaceiro. E a confiança de seus discípulos praticamente foi a pique. O sangue de seu Mestre, Messias e Salvador respingava multidão abaixo enquanto o vento soprava em seu corpo deformado. Na mente deles, Jesus ainda ficou devendo um milagre .

Jesus foi falsamente acusado, julgado de forma injusta no tribunal, espancado de propósito e crucificado. Ele também logo se tornaria o mal que causou sua morte, uma morte destinada a pagar o preço do perdão por aquele mal — o pecado.

Jesus, que não tinha pecado, iria literalmente tornar-se pecado (2 Coríntios 5.21). Pendurado naquela cruz, ele estava afundando na areia movediça sufocante da escuridão espiritual. Ele se sentiu tão distante de seu Deus Pai que gritou: *"Eloí, Eloí, lamá sabactâni?"*, cuja tradução é: "Meu Deus! Meu Deus! Por que me abandonaste?" (Marcos 15.34).

Mas, mesmo se sentindo abandonado e desamparado por seu Pai, Cristo permaneceu obediente.

A qualquer momento ele poderia ter desistido e colocado um ponto final em todo o processo. No entanto, ele nunca desistiu de nós.

....

O rosto em forma de coração de Haley ficou tenso e triste quando olhou bem para o que havia restado de seu noivo, inconsciente e enfaixado.

Ela pensou no passado. Eles começaram a namorar quando Haley tinha dezesseis anos e ele, dezessete. Um ano depois, ele a pediu em casamento de joelhos no festival de música conhecido como Jesus Northwest, na cidade de Vancouver, em Washington, dizendo que queria cuidar dela pelo resto da vida. Ela pôs rapidamente as mãos na boca e riu alto de emoção. "Sim! Eu vou me casar com você!"

Ela não fazia a menor ideia do compromisso que estava assumindo. Tudo o que sabia era que estava apaixonada e que queria passar o resto da vida com aquele cristão divertido, trabalhador e bem-apessoado.

Agora, porém, um cobertor de cicatrizes havia tomado o lugar de todo o atributo físico que a atraía. Não havia braços, nem orelhas, mas uma perna e meia e metade de um pé. Seu compromisso incluía casar-se com um rapaz que nunca mais iria abraçá-la como antes? Um rapaz que, mesmo que pudesse ter filhos, nunca iria vê-los — nem iria vê-la de novo?

O próprio Brian deu-lhe a oportunidade de desistir. "Vou entender se você não quiser levar adiante a ideia do casamento, Haley", ele disse durante uma de suas muitas visitas ao hospital. "Você não aceitou se casar com isso."

Será que ela manteria seu compromisso? Afinal de contas, ela só tinha dezoito anos.

Quando assumimos o compromisso de amar ou obedecer a Deus, não há nesse compromisso a condição de que isso será fácil. Cabe a nós amar e obedecer a Deus. Compete a ele decidir sob quais condições ele pedirá que sejamos obedientes.

Nossa vida passará por altos e baixos inesperados. Cabe a nós simplesmente apegar-nos a Deus por meio de nossa constante obediência a ele.

A vida vem com tragédias inesperadas, e elas podem ser difíceis. Não há dúvida disso.

Se quiser fazer sua vida valer, aprenda a "contar até oito".

Falando de modo figurado, você será queimado e às vezes até terá suas pernas cortadas. Será traído por pessoas que considerava suas amigas. Simplesmente não há como evitar isso. Mas, se você quiser fazer alguma coisa para que sua vida valha a pena, haverá momentos em que sua paixão precisará superar sua dor.

Assim como na vida de Brian e de Haley, podemos nos sentir vencidos às vezes —especialmente se tentarmos levar a vida sem Deus. Haverá outros momentos em que Deus nos pedirá para deixar a batalha. Abrir mão de uma responsabilidade que Deus quer que levemos até o fim não é uma opção. Deus tem conosco o compromisso de nunca nos deixar nem nos abandonar, por mais difícil que fique a batalha. Nosso compromisso deve ser confiar nele e lutar, ainda que ele nos dê um desafio do qual a maioria desistiria.

Vencer as batalhas que enfrentamos na vida não é nossa responsabilidade, mas sim obedecer a Deus pela fé. O resultado depende totalmente dele.

Enquanto isso, Satanás fará tudo o que puder para levar-nos a desistir. O diabo tentará convencer-nos a não enfrentar a situação.

Não acredite nele. Você não pode fazer alguma coisa com sua vida se desistir de situações difíceis antes de Deus dizer para você fazer isso.

Graças a Deus, Jesus não desistiu.

Haley não desistiu de Brian. Ela fez a promessa de amá-lo, mesmo diante do difícil desconhecido. Afinal de contas, aquilo pelo que ela estava realmente apaixonada não foi afetado pelo fogo.

Quando as coisas ficam difíceis, é sua paixão que mantém você seguindo em frente. Sua paixão é o que o faz atravessar o desconhecido, os momentos difíceis. Se alguém diz à paixão para deixar de lutar, ela diz não. Sem paixão para fazer alguma coisa, você nunca completará a missão que Deus lhe deu.

Uma vez que você serve ao Senhor, até que ponto está disposto a enfrentar situações difíceis antes de desistir? Você está disposto a confiar em Deus, haja o que houver?

O que você fará quando todos à sua volta estiverem sugerindo: "Você não precisa ir adiante com isso"?

Se quiser fazer sua vida valer, aprenda a "contar até oito".

Em uma luta de boxe, o árbitro conta até oito para ver se o boxeador consegue continuar na luta. Isso acontece depois que o pugilista se levanta da "contagem de dez segundos" e ainda parece um pouco zonzo.

Da próxima vez que você tiver aquela sensação de *não quero ser envergonhado*, conte até oito para si mesmo. Quando você pensar: *Não quero ser exposto ao ridículo, não quero abrir mão do meu sábado ou não quero dar o dinheiro que suei para ganhar,* pare e pergunte para si mesmo: "Onde eu estaria se meu Senhor tivesse desistido?"

Então, conte até oito ao recitar oito palavras:

Não vou desistir, porque meu Deus não desistiu.

É hora de se levantar e fazer alguma coisa.

A última seção deste livro, sobre sua semana da paixão, irá orientá-lo em cinco lições que nos foram ensinadas por Jesus por meio da Semana da Paixão.

Oro para que você não desista de interagir com este livro até ter concluído sua leitura e feito tudo o que Deus o desafia a fazer.

FAÇA ALGUMA COISA

ATIVIDADES

Memorize a frase em que você "conta até oito" — *Não vou desistir, porque meu Deus não desistiu* — ao recitá-la oito vezes seguidas, pelo menos, em três momentos diferentes do dia de hoje.

> *Querido Senhor, da próxima vez que eu for desafiado ou tentado a tomar um atalho em minha obediência a ti, por favor, leva-me a contar até oito. Quero que meu compromisso contigo seja cheio de paixão. Querido Senhor, assim como assumiste o compromisso de completar a obra que começaste em mim, quero assumir o compromisso de deixar que termines essa obra (Filipenses 1.6).*

FAÇA Alguma Coisa! Mito1

Se eu estiver com medo de fazer alguma coisa, é provável que Deus não queira que eu a faça.

As Mentiras por Trás Desse Mito

- Nossos sentimentos devem nos dizer o que fazer.
- Deus não pode usar pessoas com medo.
- Nunca devemos fazer aquilo de que temos medo.
- Nossa sensação de desconforto vai contra o desejo de Deus para nossa vida.

As Verdades

- Devemos esperar ser desafiados por Deus.
- Deus tem poder para vencer nossos sentimentos e nossas hesitações.
- Deus pode se mover com poder, apesar de nossa fraqueza.

Versículo bíblico

No amor não há medo; ao contrário o perfeito amor expulsa o medo, porque o medo supõe castigo. Aquele que tem medo não está aperfeiçoado no amor.

— 1 Joao 4.18

Algo para se lembrar

É importante reconhecer seus sentimentos, mas não ser controlado por eles. Livre-se de seu medo e Deus usará você para realizar coisas poderosas.

Parte 2

Preparação

Trabalho Avançado

Antes de você nascer, Deus fez **preparativos** para que você levasse uma vida significativa. Ele lhe deu todas as ferramentas, tanto naturais como sobrenaturais, e as oportunidades necessárias para fazer algo de importância eterna.

> Porque somos criação de Deus realizada em Cristo Jesus para fazermos boas obras, as quais Deus preparou antes para nós as praticarmos.
>
> — Efésios 2.10

6

Vince e Vanessa

A Ressurreição da Fé

Ele respondeu: "Se vocês tiverem fé do tamanho de uma semente de mostarda, poderão dizer a esta amoreira: 'Arranque-se e plante-se no mar', e ela lhes obedecerá."

— Lucas 17.6

— Querido, podemos resolver isto.

Vince percebeu quando Vanessa levantou as mãos e envolveu com os braços seus ombros musculosos. Ele juntou suas sobrancelhas escuras e apertou os olhos fechados para reter as lágrimas que não queria que sua esposa visse.

— Não. — Ele passou os dedos grossos no cabelo castanho escuro e sentou-se na beira do sofá onde Vanessa estava.

Vince e Vanessa conheceram-se enquanto trabalhavam em uma academia no sul da Califórnia. Ele era um treinador de Nova Jersey com 1,95 metro de altura e 108 quilos. Ela era uma professora loira de Pilates com um sorriso de orelha a orelha que dizia: "Eu amo todo mundo que conheço."

— Vince — Vanessa começou novamente, limpando o rímel do canto de seus olhos —, como disse o pastor Miles, nunca deveríamos ter nos mudado para Jersey e tentado começar um negócio logo depois de nos casarmos. Você nunca estava por perto. Deixar a Califórnia foi difícil para mim. Eu não tinha amigos em Jersey e tinha de trabalhar em dois empregos. E morar com seus pais...

Vince deu uma olhada para Vanessa e ela parou. Sabia como a mulher tinha esperança de que voltassem, mesmo tendo se mudado e voltado para San Diego a fim de fugir do drama que estavam vivendo. Contudo, ele não queria ouvir nada disso agora. Fazia meses que estavam brigando antes de ela ir embora e, em todas as vezes em que ele foi a San Diego, a tensão aumentou.

— Não, Vanessa. Não vai dar certo. Não consigo fazer isso.

Uma semana depois ele enviou os papéis do divórcio pelo correio. O casamento, basicamente, havia acabado. Contudo, algo misterioso aconteceu entre as caixas de correio de Vince e de Vanessa.

A multidão empurrava Jesus de um lado para o outro, como carrinhos de batida em um parque de diversão, enquanto ele se dirigia à casa de Jairo. Ele e seus discípulos haviam acabado de atravessar o mar da Galileia, onde pessoas estavam aglomeradas em busca de esperança para suas situações de desespero. Uma delas era Jairo, um importante líder da sinagoga local. Jairo saiu empurrando as pessoas para cair aos pés de Jesus e implorar um milagre.

"Minha filha está morrendo. Por favor, venha curá-la. Depressa!"

Sem dizer uma palavra, Jesus seguiu o pai desesperado, que corria para casa onde sua querida filha de doze anos estava deitada, cercada por familiares e amigos. Mas, ao longo do caminho, eles se depararam com uma má notícia. "Chegaram algumas pessoas da casa de Jairo, o dirigente da sinagoga. 'Sua filha morreu', disseram eles. 'Não precisa mais incomodar o mestre!'" (Marcos 5.35).

Jesus olhou para o mensageiro, depois para Jairo. Então, ele disse: "Não tenha medo; tão-somente creia."

Tenha fé

"Miles, não posso fazer isso. Não vai dar certo."

Pude sentir a depressão e a confusão na voz de Vince do outro lado do telefone. Tornei-me amigo de Vanessa e de Vince quando eles trabalhavam na academia antes de se mudarem para Nova Jersey. Convidei-os para visitar a *Rock Church*. No final, eles foram e assumiram um compromisso com Jesus Cristo. Tive a honra de realizar o casamento deles.

Depois de voltar para San Diego, Vanessa estava pronta para levar Deus a sério e colocar o destino de seu casamento frustrado nas mãos de Deus.

Vince, no entanto, estava fugindo de Deus. Sua nova academia em Nova Jersey estava aberta e o negócio estava crescendo. Alguns de seus amigos aconselhavam-no a desistir do casamento e a seguir em frente com sua vida, e ele estava pensando nisso.

Mas, uma noite, ele me ligou. Ficou me dizendo que voltar para Vanessa não daria certo.

— Eu sei que ainda estou casado com Vanessa, Miles, mas não dá. O que aconteceria se tivéssemos um filho? Ou se tivéssemos problemas financeiros? Nós simplesmente brigaríamos de novo e ela voltaria para a Califórnia. Não posso fazer isso. Não posso.

— Então por que você me ligou? — perguntei. Ele sabia o que eu diria. Eu disse isso um milhão de vezes. *Tenha fé.*

Ele fez uma pausa. — Não sei. Mas não sinto mais nada.

— Isso não tem nada a ver com sentimento — eu disse. — Vince, quando se casou com Vanessa, você fez um voto com Deus. Fazer esse casamento dar certo precisa ser sua primeira prioridade, não porque você tem vontade de fazer isso, mas porque é a coisa certa aos olhos de Deus.

O próprio Jesus disse: "Vocês não leram que, no princípio, o Criador 'os fez homem e mulher' e disse: 'Por essa razão, o homem deixará pai e mãe e se unirá à sua mulher, e os dois se tornarão uma só carne'? Assim, eles já não são dois, mas sim uma só carne. Portanto, o que Deus uniu, ninguém separe" (Mateus 19.4-6).

Infelizmente, existem alguns casamentos que precisam chegar ao fim, mas o caso de Vince não era um deles.

Vince precisava confiar que Deus honraria sua obediência fiel. A fé está baseada, não em sentimentos, mas em fatos. Os sentimentos *obedeceriam* à fé de Vince.

A fé é a certeza das coisas que esperamos e a prova das coisas que não vemos (Hebreus 11.1). Ela nos permite buscar alguma coisa tangível enquanto confiamos que algo invisível nos ajudará a obtê-la. Desde o início, Deus não só preparou a fé para que você e eu a usássemos, mas nos fez criaturas de fé. Exercemos fé o dia todo.

Pense nisso. Toda vez que respira, você confia no fato de que o oxigênio — algo que você nunca viu — irá encher seus pulmões e mantê-lo vivo. Você não escolhe ar em vez de propano só porque tem vontade de fazer isso, mas porque o oxigênio é a única coisa que funciona. Você baseia sua fé em um fato.

Desde o início, Deus não só preparou a fé para que você e eu a usássemos, mas nos fez criaturas de fé. Exercemos fé o dia todo.

O mesmo acontece com a gravidade. Você respeita a existência da gravidade quando usa um elevador para descer de andar em um prédio, em vez de pular de uma janela do terceiro andar.

Confiar de coração em alguém— e acreditar que essa confiança não se quebrará— é um grande passo de fé. É isso que faz do amor que sentimos por alguém a expressão mais poderosa de fé.

Entendo que sentimentos fortes sejam parte do amor, mas há muito mais em questão no amor do que sentimentos. O amor é um compromisso de fé que diz que você ficará ao lado de alguém mesmo quando não tiver vontade. O amor leal transcende sentimentos.

Vince finalmente entendeu isso. Ele percebeu que não tinha um bom motivo para terminar seu casamento. Assim, mes mo com seus sentimentos gritando *Pare!*, ele decidiu, por meio da fé na Palavra de Deus, cumprir seu papel como líder e servo abnegado em seu lar. Vanessa veio de avião a Nova Jersey para uma visita de uma semana. Eles estabeleceram horas para o trabalho, para o estudo bíblico e a oração, para a malhação e para uma boa comunicação à moda antiga. No final, assumiram o compromisso de honrar a Deus no modo como conduziriam cada aspecto de seu casamento, confiando que Deus iria mantê-los juntos.

Pela fé, Vince decidiu honrar sua esposa – amá-la como ele ama a si mesmo e entregar sua vida por ela, assim como a Bíblia ordena. Sem fé, não poderíamos orar, ter um relacionamento com Deus nem amá-lo. Graças a Deus, ele preparou a fé como uma ferramenta para alcançarmos o desconhecido.

Em algum momento na vida de cada um de nós, estaremos diante de uma situação irremediável – pelo menos, irremediável aos olhos daqueles que não conhecem a Jesus.

A esperança nunca está morta quando a fé em Deus está a nosso alcance.

Em 16 de março de 2009, dois meses depois que a papelada do divórcio misteriosamente se perdeu no correio, Vince e Vanessa renovaram seus votos na Rock Church, em San Diego. Agora eles estão morando em Nova Jersey. É verdade que ambos reconheceram que isso vai ser um processo, mas seu casamento realmente ressuscitou quando eles depositaram sua fé nas promessas de Deus.

A única maneira de fazer coisas maiores que as que Jesus fez é exercer a fé nas promessas fiéis de Deus e de sua Palavra.

FAÇA ALGUMA COISA

ATIVIDADES

Memorize a frase em que você "conta até oito" — Não vou desistir, porque meu Deus não desistiu — ao recitá-la oito vezes seguidas, pelo menos, em três momentos diferentes do dia de hoje.

> *Querido Senhor, sei que é impossível agradar a ti sem fé (Hebreus 11.6). Por favor, revela-me duas coisas relacionadas à fé enquanto leio este livro. Ajuda-me a entender até que ponto todas as pessoas deste livro exerceram fé na vida por meio das coisas que fizeram. Além disso, desafia-me a viver pela fé ao cumprir de imediato tudo o que me conduzes a fazer por causa daquilo que leio.*

7

Dois Hippies

A Verdade

No princípio era aquele que é a Palavra [...]
— João 1.1

Esses caras devem ser primos de Charles Manson.

Minha namorada Pat trabalhava em uma daquelas lojas de departamento baratas onde todo canto cheira a cloro e nada custa mais de cinquenta centavos. Bem, é mais ou menos assim.

No alto, eles anunciavam: "Quinze minutos. Quinze minutos para fechar." Os últimos clientes passaram correndo por mim, menos dois caras nos quais reparei. E eles vinham em minha direção.

Vi Pat fechando o caixa. Seus cabelos grossos e negros de índia norte-americana chegavam no meio das costas. Seu corpo de 47 quilos gritava *America's Next Top Model*, e ela nunca saía de casa sem ficar uma hora se maquiando. Eu detestava esperar por ela, mas ela sempre saía maravilhosa.

Eu tinha 1,80 metro de altura, 77 quilos, usava calças boca-de-sino de poliéster e uma camisa do tipo *Os embalos de sábado à noite*. Meu cabelo *black power* tinha quase quinze centímetros de altura. Eu parecia um pirulito humano.

Pelas vitrines escuras da loja eu podia ver meus "camaradas" na calçada fumando maconha. Pat e eu pretendíamos ficar lá com eles um pouco. Depois a gente iria para a casa dela, levaria um papo com a "velha" dela por um tempo, fumaria um cigarro de maconha, faria sexo e dormiria.

Mas, por mais diversão que a gente tivesse, por mais que um jogador de futebol de dezenove anos gostasse de sexo, lá no fundo eu sabia que isso era errado.

Não passei oito anos na escola católica Nossa Senhora de Lurdes usando camisa amarela, gravata, calça cinza e mocassim sem aprender alguma coisa sobre certo e errado.

A irmã Rosalita, a irmã Wilford e a irmã Agnes eram grandonas. Ninguém zoava com elas. A irmã Rosalita, a diretora, usava uma cruz enorme que balançava no rosário longo em volta da cintura. Ninguém desafiava a irmã Wilford, que era do tipo que se poderia chamar de uma mulher troncuda. Era ela quem fazia cumprir as ordens. A irmã Agnes podia ser doce, mas, por trás daquele sorriso, havia uma força maior. Mas, apesar de toda a sua dureza, elas amavam ao Senhor, e a nós também.

Aprendi a temer a Deus naquela escola. E, o mais importante, foi ali que me apresentaram a Bíblia.

Contudo, fazia cinco anos que eu havia saído do Nossa Senhora de Lurdes – quatro anos de ensino médio em escola pública e um ano na Universidade de New Haven. Também fazia cinco anos que eu não dava as caras em uma igreja.

Vamos, Pat. Eu estava ficando impaciente com o fato de esperá-la fechar o caixa. Então vi os dois caras de novo. O *jeans* furado que usavam arrastava no chão. As camisas xadrezes enormes estavam surradas, o cabelo castanho claro estava na altura dos ombros e as barbas ao estilo de Jesus chegavam no meio do peito. Eles pareciam remanescentes de Woodstock.

O que eles estavam fazendo aqui? *Hippies* brancos neste bairro predominantemente de negros? *Hein?*

Eles estavam vindo em minha direção? Ah, não! São Bíblias nas mãos deles...

Eu havia fumado um cigarro de maconha antes de entrar na loja e não estava me movendo muito rápido. Fiquei olhando para eles. A próxima coisa que percebi foi que eles estavam conversando.

O Woodstock nº 1 estava à minha esquerda com a Bíblia aberta na palma da mão. O Woodstock nº 2 me empurrava do meu lado direito.

Cadê meus camaradas quando a gente precisa deles? Aqueles malucos provavelmente estavam olhando pela porta da frente, tirando sarro de mim.

"Você já nasceu de novo?", perguntou o Woodstock nº 2. Embora eu estivesse doidão, algo em sua voz chamou minha atenção. Eu queria dar um fora nesses fanáticos de Jesus, pegar Pat e ir para casa. Mas algo me prendeu naquele lugar. Olhei para baixo, e tudo o que vi foi uma Bíblia.

No passado, quando eu ouvia a expressão *nascer de novo*, eu imaginava caras como eles, parecidos com Jesus e dançando por aí com flores na boca. Pude perceber os últimos clientes passarem por mim, mas não consegui erguer os olhos.

"Você gostaria de ter um relacionamento com Deus?", perguntou o Woodstock nº 1.

Os *hippies* continuavam a conversar. Toda vez que falavam alguma coisa, eles usavam a Bíblia.

Quando me disseram que eu precisava ser perdoado, eles me mostraram 1 João 1.8,9.

Quando me disseram que Deus me amava, eles apontaram para João 3.16.

Quando me disseram o que Jesus havia feito por mim, aquilo estava na Bíblia, bem ali na minha cara, em Romanos 5.8.

A Palavra era a base da verdade deles.

Era uma verdade que eu não podia combater.

Tive medo de admitir, mas sabia que era verdade.

"Se és o Filho de Deus, manda que estas pedras se transformem em pães."

O vento seco do deserto formava redemoinhos em volta de Jesus enquanto ele se encolhia à sombra de uma rocha elevada. Areia grudava em seus lábios rachados. Depois de quarenta dias de jejum, seria tão bom comer pao alı mesmo.

Mas ele sabia de onde realmente vinha o sussurro profundo e irritante que saía de uma fenda escura na rocha, e algo era mais importante para ele do que alimento: obedecer à Palavra de Deus.

Eu o imagino se voltando para a voz de Satanás e dizendo: "Está escrito: 'Nem só de pão viverá o homem, mas de toda palavra que procede da boca de Deus'" (Mateus 4.4).

De repente, ele foi levado ao pináculo do templo, cerca de noventa metros acima de Jerusalém.

Mais uma vez, ele foi alvo dos escárnios do diabo: "Se és o Filho de Deus, joga-te daqui para baixo — já que anjos agarrariam o verdadeiro Messias (Mateus 4.5,6; Salmos 91.11,12).

Jesus não aceitou o desafio. No que provavelmente foi um vento violento sobre toda a cidade de Jerusalém, Jesus expulsou o diabo mais uma vez: "Também está escrito: 'Não ponha à prova o Senhor, o seu Deus'" (Mateus 4.7; Deuteronômio 6.16).

Assim como Jesus estava *preparado* com a Palavra já na ponta da língua como uma verdade inquestionável, você e eu estamos preparados com a Palavra viva de Deus.

Por fim, Jesus se viu em um lugar ainda mais elevado, no topo de um monte alto, avistando todos os reinos do mundo.

"Tudo isto te darei, se te prostrares e me adorares", disse o tentador.

Pela terceira e última vez, Jesus citou a Bíblia, dizendo: "Retire se, Satanás! Pois está escrito: 'Adore o Senhor, o seu Deus, e só a ele preste culto'" (Mateus 4.10; Deuteronômio 6.13).

Toda vez que Satanás tentava Jesus, o Filho de Deus respondia com a Palavra de Deus. Ele recorria às Escrituras para provar sua identidade, sua missão, sua morte e sua ressurreição (Jonas 1.17; Números 21.8-10). Suas discussões com os líderes religiosos hipócritas da época estavam baseadas na verdade bíblica, porque as Escrituras eram a autoridade na qual o povo judeu confiava como sendo as palavras de Deus.

As Escrituras foram até a base das palavras que Jesus clamou na cruz (Salmos 22.1).

Dá para imaginar o que aconteceria se o povo judeu não tivesse confirmado as Escrituras nem confiado nelas? O que Jesus teria usado para provar suas afirmações? Que verdade objetiva ele mostraria para o povo? O que ele usaria para autenticar suas afirmações sobre sua identidade e sua missão?

Assim como Jesus estava *preparado* com a Palavra já na ponta da língua como uma verdade inquestionável, você e eu estamos preparados com a Palavra viva de Deus.

Deus preparou você para fazer algo com a verdade mais poderosa que existe, a verdade eterna de sua própria Palavra.

A Bíblia.

. . . .

Os *hippies* claramente entendiam a Palavra de Deus.

Continuei a olhar para suas Bíblias abertas. Era como se as páginas me encarassem também, desafiando-me a questioná-las. Eu não podia. Desde criancinha, sabia que a Bíblia era a Palavra de Deus. Não havia como desacatá-la. Ela era mais do que um livro para mim. Olhando para trás naquele dia, era como se, naquele momento, Deus estivesse dizendo: *Eu disse que estaria aqui do seu lado quando você estivesse pronto.*

Pat fechou a máquina registradora a cerca de dez metros atrás de mim, mas parecia estar a quilômetros de distância. A loja estava quase vazia agora, era apenas eu e os *hippies*.

Bom, não é bem assim. Outra pessoa estava naquela conversa. Eu sentia sua presença pairando sobre mim como uma capa grande em um dia frio. Eu tinha a sensação de que um amigo estava tentando se aproximar de mim, esperando que eu lhe permitisse voltar à minha vida. Eu sabia que Deus estava a par de todas as coisas erradas que fiz. No entanto, ele não estava zangado. Ele sentia minha falta.

Ele queria que eu voltasse a amá-lo.

Senti algo como a mão quente e invisível de alguém no meu peito, apertando o botão "urgência" em meu coração. Eu sabia que fumar, blasfemar e dormir com Pat não deixava Deus feliz.

Outra mão agarrou minha barriga, causando-me dores no estômago. Imagine isto: aqui estava eu, no meio de uma loja de departamentos, diante de dois caras que pareciam morar debaixo de uma ponte. Meus camaradas estavam por perto, provavelmente rindo de mim. E minha namorada estava de olho, imaginando o que a gente estava conversando.

Eu não sabia o que aconteceria se fizesse o que esses caras estavam me pedindo.

Será que eu estava sendo desafiado a abrir mão de tudo o que tinha na vida?

Era como se Deus estivesse olhando em meus olhos e soubesse tudo sobre mim. Eu sentia a respiração de seu rosto invisível, acalmando-me e confortando-me com amor, mas, ao mesmo tempo, confirmando tudo o que os hippies liam para mim das páginas gastas e cheias de anotações de sua Bíblia de couro rasgada.

"Cinco minutos. Cinco minutos para fechar a loja", anunciou o gerente pelo alto-falante.

Eram 21h25. Aquele foi o momento em que eu soube que precisava de Deus. Eu precisava de um relacionamento com ele do modo como os hippies descreviam. Dobrei a cabeça e, pela fé, pedi que Jesus perdoasse meus pecados e viesse morar em meu coração. Entreguei minha vida a Deus.

Senti-me tonto. O lugar começou a rodar. Algo foi purificado em mim. Meus olhos ficaram cheios de lágrimas. Fiquei olhando para o chão, sem fala. Eu era outra pessoa. Havia acabado de falar com Deus. Não! Deus falou comigo.

Depois que os hippies saíram, Pat se aproximou. "O que foi isso tudo?" Eu não sabia o que dizer a ela. Era demais para mim. Eu não sabia bem o que significava tudo aquilo.

Contudo, eu sei disto: se a Bíblia foi confiável o suficiente para Jesus usá-la quando estava sendo confrontado pelo diabo, quanto mais nós devemos confiar nela dia após dia?

FAÇA ALGUMA COISA

ATIVIDADES

Assuma o compromisso de memorizar um versículo ao repeti-lo para si mesmo várias vezes hoje. Escolha um versículo qualquer ou um destes: "A tua palavra é lâmpada que ilumina os meus passos e luz que clareia o meu caminho" (Salmos 119.105); "Pois a palavra do Senhor é verdadeira; ele é fiel em tudo o que faz" (Salmos 33.4) ou "Confie no Senhor de todo o seu coração e não se apoie em seu próprio entendimento; reconheça o Senhor em todos os seus caminhos, e ele endireitará as suas veredas" (Provérbios 3.5,6)

Querido Senhor, quero aprender a aplicar tua Palavra à minha vida. Por favor, dá-me fome e sede de aprender tua Palavra. Oro para que tragas à minha mente um versículo que eu possa usar para guiar minhas decisões diárias. Obrigado, Deus, por preparares a Palavras para mim.

Para saber mais sobre como se tornar um seguidor de Jesus, leia "Seja alguma coisa", na página ...

8

O Homem Invisível

Ele está sempre com você

Mas quando o Espírito da verdade vier, ele os guiará a toda a verdade.
— João 16.13

Eu me lembro disto: as paredes brancas estavam vazias.

Eu estava sonhando acordado na cama do quarto da mãe de minha namorada. Era final de tarde em Long Island, em 1979. O padrasto de Pat era do exército e ficava fora na maior parte do tempo. Sua mãe viajava muito também.

Toda vez que eu estava na cidade, ela deixava a gente dormir em sua cama. Um pouco estranho, mas me acostumei com isso. Ei, eu tinha dezenove anos. Não ia rejeitar uma cama *king size* com Pat deitada nela.

Mas, agora, as coisas eram diferentes. Fazia uma semana que eu havia conhecido os *hippies* e entregado meu coração a Jesus. Naqueles sete dias ou algo assim, Deus estava castigando meu corpo. Nada de maconha, de sexo, de blasfêmias.

Não me entenda mal: eu não estava totalmente limpo. Pat e eu ainda dormíamos juntos, mas era só isso que a gente fazia. Seja como for, por pouco tempo.

Eu podia ouvir os sons de vidro na cozinha enquanto Pat lavava a louça. Ela provavelmente viria logo para o quarto. Enquanto estava deitado debaixo do cobertor na beira da cama, pensei: *O que vou dizer para ela? Será que ela vai entender o sentimento de culpa que eu tenho?* Por outro lado, será que eu estava mesmo pronto para abrir mão disso? A gente tinha esse hábito havia quase um ano e, para ser honesto, nosso pecado era divertido.

Mas agora eu não só estava ciente de meu pecado, mas também estava me sentindo mal com ele, desde aquela oração com os *hippies*. Admiti ser um pecador e pedi a Deus para me ajudar a mudar.

O que estou fazendo aqui? A pergunta ia e vinha em minha cabeça no quarto com pouca luz. Meu coração ardia com a expectativa de algo mais.

Sei que Deus quer que eu faça alguma coisa para ele com minha vida. Mas o quê?

Então o quarto começou a ficar mais claro.

Agora, isto vai parecer estranho, mas, na parede ao lado da porta, vi grãozinhos laranjas, marrons, beges piscando e tomando forma. Não consegui tirar os olhos daquela parede. Não conseguia me mexer. Até minha respiração parou. Eu estava "viajando", curtindo muito. Nada parecia real para mim. Bem, estava acontecendo mesmo, mas não parecia alguma coisa que eu já tivesse visto. Eu estava além de meu conceito de real.

Em questão de segundos, a figura de um homem de cabelos compridos se formou, em pé, contra a parede. Percebi um manto suspenso, mas não consegui ver um rosto. Mas, certamente, era uma pessoa. Ele não emitiu nenhum som, e a única coisa que eu podia ouvir eram as batidas de meu coração.

....

Água escorria pelo cabelo, pela barba e pelo manto de Jesus enquanto João Batista o tirava do rio Jordão que brilhava.

O céu nublado, de repente, ficou claro, e o Espírito Santo, como uma pomba, delicadamente pousou sobre Jesus. Quem havia ido ao rio para ser batizado por João teve de proteger os olhos com as mãos. Enquanto olhavam para o céu, uma voz como trovão disse: "Este é o meu Filho amado, em quem me agrado" (Mateus 3.16,17).

Logo depois, o Espírito Santo levou Jesus ao deserto para ser tentado pelo diabo.

Desde o início do ministério de Jesus, o Espírito Santo se fez presente. Jesus realizou milagres por meio do Espírito Santo, ensinou com o poder do Espírito Santo e ressuscitou dos mortos pelo Espírito Santo.

A participação do Espírito na vida de Jesus não se limitou ao tempo do Filho de Deus na Terra. O Espírito, que participou da criação — pairando sobre a Terra mesmo antes de haver luz —, também se envolveu na preparação do ministério de Jesus antes de ele nascer.

Ele revelou a Simeão que Jesus viria. Falou por meio de Zacarias, pai de João Batista, anunciando a vinda de Jesus e o propósito pelo qual ele viria (Lucas 1.67-79). Jesus foi concebido pelo Espírito Santo. João Batista, enviado a fim de preparar o caminho para Jesus, declarou que Jesus batizaria pelo Espírito. Essas expectativas foram confirmadas pelo Espírito Santo por meio dos profetas, muito tempo antes de Jesus começar seu ministério na terra.

Tudo o que Jesus fez foi no poder do Espírito Santo.

Mais uma vez, isto vai parecer estranho, mas eu realmente acredito que esta pessoa em pé diante de mim era Deus.

Não pude ver seu rosto, mas tenho certeza de que era Jesus. Abri a boca e tentei falar. Não saiu nada. De qualquer modo, não tenho a menor ideia do que teria dito. Tentei levantar os braços, mas pareciam paralisados.

Ele estava aqui para me lembrar do compromisso que eu tinha assumido com os *hippies*? Mesmo com medo, eu queria que ele me dissesse o que estava acontecendo, o que ele queria que eu fizesse. *Diga alguma coisa, Senhor!*

Parecia ter passado uma hora, mas provavelmente tudo aconteceu em alguns minutos. Pensei em tentar sair do quarto correndo, mas, ao mesmo tempo, senti-me seguro.

Ele ficou em pé perto da porta do quarto. Não se mexeu nem disse uma palavra.

Então, ele desapareceu, devagar e completamente.

Eu não conseguia deixar de olhar para o lugar na parede onde ele estava. Não conseguia acreditar no que tinha acabado de ver. Jesus apareceu para mim. Para mim! Espere, por que eu? Quem eu era para que ele viesse até mim? E, pior, eu estava deitado na cama da mãe de minha namorada!

Levou alguns minutos para meu corpo relaxar e poder se mexer novamente. Rolei para fora da cama e fui andando como um zumbi para a cozinha. Pat ainda estava à pia. Ela olhou para mim. Eu olhei para ela. Sem dizer uma palavra, eu me virei e voltei para o quarto. *Ela nunca acreditaria em mim.*

Ao entrar de novo no quarto, pensei: *Será que ele vai voltar?*

Mas, desde então, percebi que o Homem Invisível nunca saiu. Quando entrei no carro com meus amigos no dia seguinte, eu sabia que ele estava sentado no banco de trás comigo. Quando voltei para a faculdade, eu sabia que ele estava em meu apartamento, no vestiário e até no campo comigo.

Afinal, antes de você nascer, Deus o preparou dando-lhe o Espírito Santo para ajudá-lo.

Desde aquele encontro maluco com os *hippies*, o Espírito Santo tem andado comigo. Ele esteve comigo desde quando nasci, mas, agora, mora dentro de mim. Ele vem andando diante de mim, preparando oportunidades para que eu faça alguma coisa.

Ele vem me lembrando das verdades da Palavra de Deus, incentivando-me a confiar nela. O Homem Invisível conhece as coisas profundas de Deus que pertencem à minha vida (1 Coríntios 2.10-12). Se minha vida quiser valer, preciso seguir seu exemplo, pela fé.

Infelizmente, ele vai ter de ser muito paciente comigo. Eu o ignorei tantas vezes, perdi tantas oportunidades.

Você está ignorando o Espírito Santo? Você está aproveitando as oportunidades que ele lhe dá todos os dias? Afinal, antes de você nascer, Deus o preparou dando-lhe o Espírito Santo para ajudá-lo.

Desde aquele dia na cama, muitas vezes me peguei com os olhos fixos em paredes. Em meu quarto ou em quartos de hotel, tenho tanta vontade de que ele reapareça. Mas, mesmo nunca tendo se revelado a mim como fez naquele dia, eu o vejo o tempo todo nas coisas que ele faz. Nós conversamos, rimos, fazemos coisas juntos.

Ele está sempre comigo.

E ele está com você também.

FAÇA ALGUMA COISA

ATIVIDADES

Durante as próximas 24 horas, dirija-se pela fé ao Espírito Santo, o Homem Invisível, como uma pessoa que está bem ao seu lado. Lembre-se de que Jesus se refere ao Espírito Santo como o *Consolador*. Discuta com ele suas preocupações e necessidades e demonstre seu apreço por ele como faria a um bom amigo no papel de seu melhor advogado em cada área de sua vida.

> *Querido Espírito Santo, sei que és invisível aos meus olhos naturais, mas meu coração reconhece tua presença em minha vida, mesmo neste exato momento enquanto leio esta oração. Quero ter um relacionamento forte contigo. Por favor, abre os olhos de meu coração para que eu possa ver tua mão operando em minha vida.*

9

Michele

Sem Oração?

> Minha oração não é apenas por eles. Rogo também por aqueles que crerão em mim, por meio da mensagem deles, para que todos sejam um, Pai, como tu estás em mim e eu em ti. Que eles também estejam em nós, para que o mundo creia que tu me enviaste.
>
> — João 17.20,21

Sarah encolheu-se em posição fetal atrás do sofá.

"Onde você está, sua boba?", gritou a mãe de Sarah. "É melhor você não se esconder de mim ou vai ser pior."

Uma lágrima caiu dos olhos negros de Sarah, mas ela não teve coragem de se mexer para enxugá-la.

Não poder ouvir as palavras cruéis era bom para a menina de onze anos. Sarah era surda. Ninguém na casa conhecia a linguagem de sinais. Sua mãe comunicava-se com violência.

Do outro lado da cidade, Denise, de seis anos, estava deitada em sua cama na casa de sua família de criação. Ela não era surda, mas tinha problemas para ouvir. Sua família adotiva não conhecia a linguagem de sinais e tinha dificuldade para se comunicar com ela. Denise tinha saudades de Stephanie, sua irmã mais velha, que morava com outra família de criação. Stephanie, uma menina de oito anos, tinha bons ouvidos, mas sofria de espinha bífida, um defeito de nascença na coluna vertebral. Muitas vezes tinha de ser hospitalizada por causa de infecções.

As três meninas sentiam-se isoladas do mundo. Eram solitárias. Sem ninguém na vida com quem pudessem se comunicar, era muito difícil desenvolver qualquer relacionamento positivo. Foi quando Deus enviou Michele.

Soprando e bufando, Pedro, Tiago e João batiam seus cajados no caminho de pedras enquanto subiam o monte atrás de Jesus para orar. No topo, Jesus levantou as mãos, olhou para as estrelas e clamou a Deus. Pedro, Tiago e João, enquanto isso, caíram no chão e dormiram (Lucas 9.32).

O encontro de oração de Jesus abalaria o mundo deles.

Enquanto os discípulos roncavam, o corpo de Jesus começou a resplandecer e suas vestes começaram a brilhar como cem luzes fluorescentes — "de um branco resplandecente, como nenhum lavandeiro no mundo seria capaz de branqueá-las" (Marcos 9.3). Então, como se alguém tivesse acendido outras duas lâmpadas, Moisés e Elias apareceram (Marcos 9.4) e começaram a conversar com ele.

Pedro, Tiago e João acordaram diante da cena gloriosa e ficaram de olhos arregalados e de boca aberta. Pedro perguntou se os discípulos deveriam fazer uma tenda para os visitantes celestiais, mas, então, uma nuvem pairou sobre eles. Dela, eles ouviram uma voz: "Este é o meu Filho, o Escolhido; ouçam-no!" (Lucas 9.35). Eles se prostraram com o rosto no chão, tomados de medo.

Enquanto a nuvem se dispersava, os discípulos procuraram Moisés e Elias, mas só encontraram Jesus, que estava em pé, sozinho, sorrindo para eles.

Pedro, Tiago e João provavelmente olharam uns para os outros, talvez coçando a cabeça, confusos. É provável que estivessem pensando: *Afinal, o que aconteceu?*

Os discípulos tiveram uma prévia — como uma fotografia sendo revelada diante deles — dos resultados da perfeita unidade com Deus, uma condição que ainda estava no futuro. Moisés e Elias, há muito mortos, mas, certamente, no céu, apareceram em uma condição glorificada e futura.

Os leitores dessa passagem muitas vezes ignoram o fato de que a Transfiguração foi um resultado direto da oração de Jesus.

Jesus orou durante todo o seu ministério. Passou quarenta dias e noites em jejum e em oração pouco antes de resistir às tentações de Satanás no deserto (Mateus 4.1-11). Antes de escolher os doze discípulos, "Jesus saiu para o monte a fim de orar, e passou a noite orando a Deus" (Lucas 6.12). Ele orou antes de alimentar os cinco mil (Mateus 14.15-21). Orou antes de ressuscitar Lázaro (João 11.41). Antes de ele decidir ir a cidades pequenas para pregar e expulsar demônios, a Bíblia diz que "de madrugada, quando ainda estava escuro, Jesus levantou-se, saiu de casa e foi para um lugar deserto, onde ficou orando" (Marcos 1.35). E a lista continua.

AJUDA
Necessária

Mais de 15 milhões de brasileiros sofrem de perda auditiva. Por medo de discriminação, vergonha de não entender o que as pessoas falam, além da falta de informação, cerca de 60% dos surdos não procuram um médico para tratamento.[3]

A oração é um dom de Deus que Jesus não deixou passar batido. Contudo, devemos lembrar que a oração não é uma simples conversa com Deus; é uma forma de comunicação que nos foi dada por Deus capaz de transformar nossa vida.

Sem oração, não temos relacionamento com Deus. Sem esse relacionamento, não temos poder para gerar a transfiguração em nossa vida ou no mundo.

O coração de Michele simpatizou-se com a garotinha de olhos grandes, em pé atrás da assistente social.

"Esta é Sarah", disse a mulher. "Ela acabou de chegar do abrigo de crianças. Aqui está a bolsa dela." Sarah foi removida do lar abusivo e colocada em um abrigo de proteção.

Michele é solteira, tem 35 anos e é diretora comercial sênior de uma das quinhentas maiores empresas listadas na revista *Fortune*. Quando descobriram que o filhinho de sua amiga era surdo, Michele decidiu aprender a linguagem de sinais. Isso a levou a participar do ministério de surdos de nossa igreja e, por fim, a se inscrever para ser intérprete de surdos.

Em seguida, ela foi convidada a liderar o ministério. Logo fez amizade com Lisa, uma assistente social do Condado de San Diego, que fundou um ministério na Rock Church chamado Step Up [Para cima], o qual insere mentores para crianças no sistema de assistência social.

As duas mulheres falaram sobre a dificuldade de encontrar famílias adotivas para crianças surdas. Sem instituições autorizadas para adoção dessas crianças no sul da Califórnia, as crianças surdas tinham de se mudar para outros estados, "dificultando, na verdade, a reunificação com suas famílias", disse Michele.

A oração é nosso meio de comunicação com Deus.

Sem um lugar para se comunicarem, era impossível para as meninas terem a proximidade resultante do relacionamento. Elas sempre estavam debaixo de uma nuvem de solidão, um sentimento de isolamento. Careciam de relacionamentos íntimos e, consequentemente, o desenvolvimento pessoal sofria empecilhos.

Foi quando Michele começou a orar por ideias para ajudar nesse sentido. Deus respondeu às suas orações.

"Deus deu-me a visão para comprar uma casa e tornar-me uma mãe adotiva", disse Michele sem rodeios.

Apesar de muitas pessoas dizerem que ela estava indo com muita sede ao pote, Michele fechou uma casa de cinco quartos em abril de 2006. O único lar de criação com licença para surdos em todo o sul da Califórnia é o de Michele. Ela tem lugar para seis crianças.

No dia em que Sarah, sua primeira filha adotiva, chegou, Michele ajoelhou-se e fez o sinal de alô, uma rápida saudação. "Olá, Sarah", ela disse. Sorriu e apontou para si mesma: "Eu sou Michele." Sarah não se mexeu. Por muito tempo, poucos falaram com ela de uma forma que não fosse violenta. Aqui estava alguém falando com ela com amor.

Sarah agora diz, por meio da linguagem de sinais, que se mudar para sua casa nova fez com que se sentisse livre pela primeira vez. Ela estava cercada de pessoas com quem poderia se comunicar. "Parece que nasci aqui", ela sinaliza.

Stephanie e Denisse foram morar com ela em 2007.

Agora Stephanie e Denise não precisam se preocupar para saber quando vão se ver outra vez: elas dividem o quarto, e estão em uma família nova que as entende.

A comunicação é uma maravilha. É fácil pensar que seria normal, mas as histórias de Sarah, Stephanie e Denise fazem-nos lembrar de que isso é uma dádiva.

Imagine se não tivéssemos um meio de nos comunicar com Deus. O que aconteceria se Deus fosse surdo para nós ou se nós fôssemos surdos para ele? Como poderíamos ter um relacionamento com ele? Como poderíamos receber dele o que ele quer nos comunicar?

A oração é nosso meio de comunicação com Deus. Não só nos comunicamos com Deus, mas ele também se comunica conosco, que é a parte mais importante da oração. A comunicação que temos com Deus por meio da oração não é só a transferência de informações, mas também acesso ao verdadeiro coração de Deus. Quanto mais oramos com Deus, mais nos tornamos como ele.

Ao ler a oração ao final de cada capítulo, acredite que Deus está, de fato, de ouvidos abertos. Pare por um instante e ouça Deus. Talvez ele tenha algo bom para lhe dizer.

FAÇA ALGUMA COISA

ATIVIDADES

Encontre um período de doze minutos para passar em oração todos os dias. Reserve esse período, coloque-o em seu calendário e depois cumpra-o. Usando o acrônimo da oração no apêndice — AECIPA — pratique a oração todos os dias, dois minutos na oração para cada letra. Isso irá transformar sua vida.

Querido Senhor, obrigada pela dádiva da oração. Obrigada por nos dares um relacionamento poderoso contigo por meio da oração. Mesmo agora, enquanto oro a ti, por favor, transforma minha vida para que eu possa glorificar a ti. Senhor, por favor, fala comigo enquanto eu estiver sentado nos próximos minutos, em silêncio. Vou colocar no papel tudo aquilo que me disseres, Deus.

10

Iva

Muito tempo antes de você

> Porque somos criação de Deus realizada em Cristo Jesus para fazermos boas obras, as quais Deus preparou antes para nós as praticarmos.
>
> — Efésios 2.10

"Senhor, por que me colocaste aqui? Por que não me deixaste morrer?"

Ninguém ouviu a oração de Iva.

A mulher frágil de 92 anos mexeu-se em sua cadeira de rodas e levantou a ponta do lenço que mantinha preso com um alfinete no vestido de algodão que usava em casa.

Enxugando os olhos azuis cheios de lágrimas, ela deu uma olhada para o corredor da clínica de repouso em San Diego que há cinco anos era seu lar.

De cabelos grisalhos e com aproximadamente 1,50 metro de altura, Iva lutava contra a amargura de estar confinada na clínica por tanto tempo.

Uma mulher cristã, trabalhadora durante toda a vida, ela se esforçava para entender como seu mundo havia se reduzido a uma cama de hospital e a uma cômoda cheia de fotos antigas em cima. Dividia o quarto com uma estranha, tendo como divisória uma cortina fina.

Enfermeiras e assistentes iam e vinham. Ela não tinha mais privacidade, nem independência, nem a paisagem da campina de Oklahoma.

Estar em uma instituição assim muitas vezes é quase uma sentença de morte. No mínimo, é como estar na cadeia. A maioria das pessoas que entravam nela nunca mais saía. Nem todas eram idosas; algumas tinham doenças crônicas. Várias estavam em estado de coma ou de semicoma. Muitas, principalmente as idosas, não recebiam visitas. Depois de levar uma vida ativa, ser abandonado nos últimos anos da vida pode ser uma experiência terrivelmente solitária.

Sofrendo de artrite aguda, Iva estava sempre com dor física. Mas, pior do que isso, seu coração doía. Ela não podia deixar de sentir o ressentimento de ser deixada ali pela família. Queria muito voltar para Oklahoma, mas não havia ninguém para levá-la. A vida na clínica parecia sem sentido.

Pouco antes do Natal, entrou na clínica uma mulher que parecia estar perto de morrer. "Ela não podia falar, mas fazia pequenos barulhos. Não podia andar nem cuidar de si mesma", disse Iva, mais tarde, para Ken, que lidera o ministério de casas de repouso da Rock Church.

Iva sabia que deveria orar pela mulher, mas se sentiu vazia e sem condições de procurá-la. No dia seguinte, ao passar pelo corredor, Iva deu de cara com a mulher sentada em uma cadeira de rodas do lado de fora do quarto. A mulher parecia incapaz de responder aos cumprimentos de Iva. "Então, pus as mãos sobre ela e orei", lembra Iva. "Não me lembro das palavras, mas orei o que Deus pôs em meu coração."

Foi aí que ela percebeu por que estava na clínica.

....

Você já se perguntou por que Jesus cresceu em Nazaré?

Por que ele não nasceu um judeu no Brooklyn, em Madri ou em Paris? Em vez de Belém nos dias de Herodes, por que ele não apareceu na época de Napoleão, ou de Franklin Delano Roosevelt, ou de Barack Obama?

A resposta é simples: tudo foi preparado para que ele viesse naquela época, naquele lugar. Gálatas 4.4,5 diz: "Mas, quando chegou a plenitude do tempo, Deus enviou seu Filho, nascido de mulher, nascido debaixo da Lei, a fim de redimir os que estavam sob a Lei, para que recebêssemos a adoção de filhos."

Sabemos que Jesus, quando jovem, tinha uma consciência aguçada de sua missão e das habilidades para comunicar a verdade. As Escrituras e tradições hebraicas deram-lhe o fundamento moral e os parâmetros para cumprir os propósitos de Deus para sua vida. E, lembre-se, o Espírito Santo era seu parceiro ministerial, não só desde o início de seu ministério na terra, mas desde antes do início dos tempos.

AJUDA
Necessária

Quase 60% das pessoas com setenta anos ou mais sentem algum tipo de solidão, de acordo com um estudo realizado por um doutorando da Universidade de Michigan, EUA.[4]

Todas as preparações de Jesus só atingiriam seu potencial se fossem usadas no ambiente certo. Deus preparou o Oriente Médio do século 1º como o tempo e o lugar para Jesus cumprir sua missão.

De acordo com as Escrituras, o Messias teve de nascer em Belém e ser Filho de Davi. Ele veio em uma época em que o povo se sentia privado de seus direitos pela elite religiosa. A lei do Antigo Testamento e o calendário de festas religiosas foram idealizados como metáforas das lições espirituais que Jesus ensinaria. O sistema estabelecido do judaísmo que consistia em sacrifícios de sangue proveria o modo pelo qual Jesus pagaria pelos pecados do mundo.

Os parceiros de ministério estavam no devido lugar quando Jesus chegou. João Batista começou seu ministério de pregação a fim de preparar as pessoas antes de a identidade de Cristo ser revelada. Simão e Ana, profetas locais no templo, passaram anos orando na expectativa de um Messias (Lucas 2.25, 36). Seus discípulos estavam preparados para ele e receberam-no com prontidão e expectativa enquanto deixavam tudo para segui-lo.

A língua grega ofereceu um modo de comunicação universal para a mensagem de Jesus. O sistema de estradas do império romano permitiu que seus discípulos levassem sua mensagem a todo o mundo conhecido. Todos os fatores de um ambiente ordenado por Deus estavam no devido lugar para começar e cumprir aquilo que ele foi enviado para fazer.

Não foi coincidência. Tudo foi planejado. Foi necessário. O mundo estava, e está, cheio de pecadores destruídos e necessitados de um Salvador sem pecado para oferecer um sacrifício de sangue, o que explica a razão por que Jesus veio.

....

Uma semana ou algo assim depois de Iva ter colocado as mãos sobre a mulher doente e orado por ela, a mulher a procurou. Ela não estava mais em uma cadeira de rodas, não estava mais muda nem sem ação. Em vez de uma doente para morrer, ela estava andando, e não só pelo corredor, mas do lado de fora da porta principal. Ela estava indo para casa com o marido. "Obrigada por orar por mim!", ela disse para Iva e a abraçou.

Deus preparou circunstâncias ideais para você cumprir aquilo que ele o chamou para fazer.

Por cinco anos Iva perguntou a Deus por que ele a havia colocado nesta situação triste e perdida. Agora ela começou a entender a resposta.

Deus havia preparado Iva para orar. "Durante toda a minha vida, orei", ela disse a Ken. "Minha vida era orar. Eu vivia para orar."

Agora, aqui estava ela, ainda viva, cercada de pessoas com necessidades terríveis.

Atualmente, Ken informa que Iva anda de cadeira de rodas para todos os lados da casa de repouso para visitar e orar por aqueles pacientes que estão tão doentes a ponto de mal conseguirem responder ou que não conseguem responder de forma alguma.

Deus preparou circunstâncias ideais para você cumprir aquilo que ele o chamou para fazer.

Às vezes só percebemos como as atividades de Deus foram abrangentes e estratégicas em nossa vida quando olhamos para trás. Se você observar com cuidado, reconhecerá a mão de Deus em suas circunstâncias.

Você verá a mão de Deus sobre as pessoas que ele colocou em sua vida, as oportunidades que lhe deu. Você talvez perceba uma característica comum nas coisas em que teve êxito e naquelas que sempre foram difíceis para você. Você é quem é e está onde está por uma razão.

Efésios 2.10 diz: "Porque somos criação de Deus realizada em Cristo Jesus para fazermos boas obras, as quais Deus preparou antes para nós as praticarmos."

Deus quer que você saiba que ele não mediu esforços para preparar não só você, mas o mundo em que vive, para você fazer alguma coisa.

O que você está vivendo hoje tem por objetivo ajudá-lo a fazer alguma coisa.

Tire proveito disso!

FAÇA ALGUMA COISA

ATIVIDADES

Olhando para trás, faça uma lista dos sucessos que parecem ter sido fáceis para você, circunstâncias que foram idealizadas só para você. Tente identificar algo em comum nelas. Isso lhe dará informações úteis sobre as coisas que Deus planejou para seu futuro.

Querido Senhor, sei que fizeste todos os preparativos necessários para que eu fizesse alguma coisa significante com minha vida. Não estou fazendo esta jornada sozinho. Peço-te que abras meus olhos para ver as portas de oportunidades que estão diante de mim e também me dê fé para passar por elas. E, Senhor, dá-me disciplina para me afastar daquelas oportunidades de fazer algo que parece importante, mas que realmente não é necessário para mim. Por favor, mantém como meu foco cumprir teu plano para minha vida.

FAÇA Alguma Coisa! Mito 2

Devo causar um impacto imediato.

As Mentiras por Trás Desse Mito

- A mudança sempre é imediata.
- Somos nós que efetuamos a mudança, não Deus.
- O tempo de Deus é irrelevante.
- Você sabe que Deus o está usando quando coisas acontecem de imediato.

As Verdades

- Não cabe a nós gerar a mudança. Só precisamos obedecer.
- Deus faz as mudanças acontecerem no tempo dele para seu propósito.

Versículo bíblico

Eu plantei, Apolo regou, mas Deus é quem fez crescer; de modo que nem o que planta nem o que rega são alguma coisa, mas unicamente Deus, que efetua o crescimento.

— 1 Coríntios 3.6,7

Algo para se lembrar

Você não está trabalhando para obter os resultados, mas por causa da obediência.

Deus fará as coisas acontecerem no tempo dele.

Parte 3

Propósito

Obediência

Deus deu a todos nós um **propósito** muito simples, o amor, que se resume em uma única palavra: obediência. Provamos que amamos a Deus quando lhe obedecemos. Se obedecermos a Deus, faremos tudo o que ele nos preparou para fazer — nada mais, nada menos.

> Porque nisto consiste o amor a Deus: em obedecer aos seus mandamentos. E os seus mandamentos não são pesados.
>
> — 1 João 5.3

11

DeShawn

O Transplante

> Darei a eles um coração não dividido e porei um novo espírito dentro deles; retirarei deles o coração de pedra e lhes darei um coração de carne. Então agirão segundo os meus decretos e serão cuidadosos em obedecer às minhas leis. Eles serão o meu povo, e eu serei o seu Deus.
>
> — Ezequiel 11.19,20

A mãe biológica de DeShawn abandonou-o quando ele tinha dez anos. Quando Mike tornou-se seu mentor por meio de uma agência local, DeShawn era um menino tímido e magricelo de doze anos que vivia com trinta crianças em um lar de crianças.

Mike visitava DeShawn todas as semanas. Eles brincavam com pistolas de plástico com laser, jogavam bola, iam a jogos de bola ou simplesmente ficavam por ali, assistindo a filmes. DeShawn frequentava a Rock Church com Mike e sua esposa, Renee; ele até chegou a fazer parte do ministério de recepção. Eles recebiam os visitantes e recolhiam as ofertas na igreja.

Contudo, pouco mais de um ano depois, quando completaria treze anos, DeShawn ficaria "velho" em seu atual lar de crianças. Isso significava sair de lá e começar relacionamentos e rotinas em um novo lar. Foi quando Deus começou a desafiar Mike a levar seu relacionamento com DeShawn a outro nível e tornar-se seu pai adotivo.

No entanto, havia um problema: Renee não queria ser mãe em tempo integral.

Quando se casaram, Mike e Renee concordaram que não teriam filhos. Renee estava acostumada a ter Mike só para ela. Ela gostava do estilo de vida que tinham. Sim, Mike havia se tornado mentor de um menino de doze anos, e Renee gostou de conhecer DeShawn. Contudo, ele sempre voltava para o lar de crianças, e Renee e Mike tinham a casa só para eles. Era assim que eles gostavam das coisas.

Mas Deus, o Grande Médico, estava para realizar uma cirurgia de coração.

Correndo atrás da multidão, pulava um coletor de impostos baixinho chamado Zaqueu, que tentava ver Jesus por cima dos ombros da multidão.

Nenhuma das pessoas que formavam filas na rua iria deixá-lo passar. Zaqueu era um dos homens mais odiados da cidade.

Os publicanos eram incumbidos de coletar impostos do povo judeu em nome do opressivo governo romano. Seu estratagema era coletar mais do que os judeus realmente deviam e embolsar a diferença. Como o publicano mais importante que supervisionava outros publicanos, Zaqueu dirigia um esquema piramidal com vários publicanos subordinados a ele.

Assim, não é de surpreender que as pessoas não estivessem dispostas a "ajudar um irmão" para que ele pudesse ver o Senhor.

No entanto, Zaqueu não chegou à posição de chefe dos publicanos sendo um idiota. Ele correu na frente e subiu em uma árvore pela qual imaginou que Jesus passaria. Como era de esperar, o Senhor passou pela árvore. Então, Jesus parou, olhou para cima e pediu que Zaqueu descesse. Não só isso, mas também se convidou para ir à casa do publicano.

O povo ficou agitado. Esse Zaqueu era um dos homens mais gananciosos em Jericó. Ele se aproveitava de todos na cidade para obter ganho pessoal. É claro que Jesus poderia ter visitado pessoas de melhor reputação. Por que Jesus iria à casa de Zaqueu?

Lucas 19.7 diz: "Todo o povo viu isso e começou a se queixar: 'Ele se hospedou na casa de um *pecador*'."

Zaqueu não se importava em ser acusado de pecador; só sabia que, naquele momento, ele era "o cara". Talvez com o braço em torno de seu novo melhor amigo durante todo o trajeto até sua casa, Zaqueu não soubesse o que Deus, o Grande Médico, estava para fazer.

AJUDA
Necessária

Estima-se que atualmente chegue perto de 8 milhões o quantitativo de crianças abandonadas no Brasil. Destas, cerca de 2 milhões vivem permanentemente nas ruas, envolvidos com prostituição, drogas e pequenos furtos.[5]

DeShawn continuava a frequentar a casa de Mike e de Renee, mas, no final do dia, voltava para o lar de crianças – e era assim que Renee gostava.

Então, um dia, sentada em seu elegante sofá de couro marrom em frente de sua televisão de 47 polegadas, Renee ouviu Deus falar com ela. *Você deve trazer esta criança para sua casa e ser uma mãe adotiva.*

Ela fez que não com a cabeça.

Isso não está certo, ela pensou. *É impossível. Não quero crianças.*

Seu coração simplesmente não dizia para ela ser mãe. Ela deu ouvidos a todas as desculpas que pôde imaginar. *Não tenho experiência para ser mãe. Eu não conseguiria lidar com toda a responsabilidade. Não tenho família aqui para me ajudar.*

De julho a outubro, Renee nunca comentou com Mike sobre a luta que estava tendo com Deus. Ela continuou a se convencer de que aquela voz baixinha iria desaparecer.

Então, Deus colocou-a contra a parede. *É*

claro que você não pode fazer isso, não sozinha, ouviu Deus falar com ela. *Você vai precisar se apoiar em mim.*

Ela finalmente cedeu, e seu transplante de coração foi completo. "Tudo bem, Senhor, posso cuidar de alguém como DeShawn."

Algumas noites depois, sentado na cama ao lado dela, Mike se virou para Renee.

— Preciso fazer uma pergunta para você...

Antes que ele pudesse terminar, ela disse:

— Eu já sei o que é, e a resposta é sim.

Deus teve de substituir o coração egoísta de Renee por um coração abnegado para que ela expressasse o amor autossacrificial de que DeShawn precisava. Cumprir nosso propósito de obedecer a Deus não é algo que nosso coração pecaminoso naturalmente queira fazer, sobretudo do modo como Deus deseja que façamos. Uma vez que somos "desobedientes por natureza", pensamos em nós mesmos primeiro. Quando pensamos em ajudar as pessoas, nossa generosidade está contaminada com perguntas do tipo: *Será que vou gostar? Por quanto tempo? O que vou ganhar com isso?*

Francamente falando, essa atitude parte o coração de Deus.

Ele precisa dar-nos um coração completamente novo.

Enquanto Jesus estava sentado na casa de Zaqueu, seu anfitrião passou por uma cirurgia divina. Lucas 19.8 diz: "Mas Zaqueu levantou-se e disse ao Senhor: 'Olha, Senhor! Estou dando a metade dos meus bens aos pobres; e se de alguém extorqui alguma coisa, devolverei quatro vezes mais.'"

Zaqueu mudou de atitude. Não só admitiu ser culpado de roubar o povo, mas estava disposto a se esforçar para acertar as coisas.

Um dia, logo depois de se mudar, DeShawn veio da piscina depois de nadar. Ele estava enrolado em uma toalha de praia, mas estranhamente frio. Naquela noite, ficou agitado e não parou de se virar na cama, gemendo de dor. Na manhã seguinte, ele se retorcia de náusea.

Em questão de horas, ele foi diagnosticado com cardiomiopatia, uma doença muito grave que impede o coração de bombear o sangue de modo adequado.

Muitos pacientes com essa doença são homens jovens, afro-americanos, como DeShawn. Embora a doença muitas vezes seja fatal, os médicos do menino acreditaram que ela poderia ser tratada e mandaram-no para casa com uma receita médica.

Três dias depois, DeShawn estava em um helicóptero de resgate indo para Los Angeles, onde seria hospitalizado até que fosse encontrado um coração compatível para um transplante. Os médicos disseram a Mike e Renee que a espera seria de dois a seis meses. O casal de San Diego assumiu o compromisso de permanecer em Los Angeles pelo tempo que fosse necessário para levar DeShawn saudável para casa.

Você não pode cumprir seu propósito sem um transplante de coração.

Assim que DeShawn foi para Los Angeles a fim de esperar seu coração, Mike e Renee pediram oração na igreja. DeShawn recebeu seu novo coração, não no período normal de seis, três ou até dois meses, mas em uma semana.

A cirurgia durou oito horas, e DeShawn saiu do hospital sete dias depois.

A rapidez com que DeShawn recebeu seu coração é surpreendente. Deus deu a Renee um transplante de coração espiritual para que ela pudesse estar com DeShawn no momento de seu transplante de coração físico.

Quem sabe o que aconteceria se Mike e Renee não fossem os pais adotivos de DeShawn? O fato é que, se Renee não tivesse se aberto para a ideia de permitir que Deus invadisse seu senso de privacidade, o espaço de sua casa e seu estilo de vida, DeShawn poderia não estar vivo hoje.

Até que ponto você está disposto a deixar Jesus lhe dar um novo coração, um coração que obedeça a Deus a qualquer preço? Quem não terá a segunda chance de que precisa porque você resistiu a um transplante de coração? A Bíblia diz que devemos amar a Deus de todo o nosso coração, de toda a nossa alma e de todo o nosso entendimento (Mateus 22.37), e só podemos fazer isso quando lhe entregamos nosso coração para que ele possa nos dar um novo.

Você não pode cumprir seu propósito sem um transplante de coração. O Grande Médico quer remover seu coração de pedra e dar-lhe um coração de carne, um coração que baterá de acordo com a ordem de Deus (Ezequiel 36.26), um coração que desejará amar a todas as pessoas que ele colocar em seu caminho.

FAÇA ALGUMA COISA

ATIVIDADES

Deixe um pequeno cubo de gelo derreter em sua mão. Enquanto isso, agradeça a Deus por sempre amolecer seu coração para guardar os caminhos de Deus.

Querido Senhor, sei que meu coração é mais egoísta do que quero admitir. Por favor, dá-me um novo coração, um coração que queira cumprir teus desejos, não os meus (Jeremias 17.9; Salmos 51.10).

12

Irmã Bev

Olhos Novos

O Senhor não vê como o homem: o homem vê a aparência, mas o Senhor vê o coração.

— 1 Samuel 16.7

Beverly sentiu uma dezena de olhos queimando-a como raios laser ao passar pela porta estreita reservada para visitantes da prisão Donovan. Com o coração disparado, ela ficou olhando para baixo e seguiu seu guia pelo pátio.

Quero sair deste lugar hoje, pensou a pequena secretária de meia-idade. Por favor, Deus, me ajude a sair daqui.

Cabisbaixa, ela ignorou sua apreensão enquanto o pastor responsável por nosso ministério na prisão a conduzia pelo pátio até a pequena capela de bloco de cimento. Ela não olhava para os homens separados em grupos — negros com negros, asiáticos com asiáticos, brancos com brancos, morenos com morenos. Alguns corriam, faziam flexões no chão e na barra vertical ou jogavam basquete. A maioria simplesmente perambulava por ali.

O que eles estão pensando?, Beverly ficou imaginando. Há assassinos aí no meio, mafiosos, traficantes de drogas. Alguém vai gritar alguma coisa, eu sei. O que devo fazer?

O pátio do presídio Richard J. Donovan, no Condado de San Diego, era do tamanho de um campo de futebol, cercado pelas duas estruturas cinza de dois andares que alojavam os criminosos. Um caminho pavimentado margeava o pátio. Um muro de concreto de seis metros cercava o complexo de segurança média à máxima. Uma cerca de arame farpado, como uma mola dura, seguia em espiral na parte de cima do muro. Das torres cinza que sombreavam os cantos do pátio bons atiradores encaravam os presos lá embaixo.

O que estou fazendo aqui?

O que Beverly tinha para dizer que os criminosos gostariam de ouvir? Ela nunca havia ido a uma prisão, não conhecia nenhum "bandido" e nunca conheceu a pobreza ou o desprezo que a maioria dos presos sofria. Era uma simples mulher branca de classe média, abandonada pelo marido havia quatro anos; uma sobrevivente do câncer de mama, uma seguidora de Cristo que foi forçada a se apegar com Deus e a confiar nele em todas as coisas.

Ela sentia frio na barriga. Quantos homens vão estar lá dentro? Eles vão me ouvir? Eles vão me importunar?

O capelão parou e Beverly ergueu os olhos. Ambos chegaram a uma porta sem placa que estava aberta. Lá dentro, Beverly viu cadeiras dobráveis dispostas em filas e viradas para a porta. A maioria dos homens, cinquenta ou sessenta deles, já estava sentada. Eles usavam camisa azul clara sem gola e calças de brim. Alguns usavam gorro escuro. A maioria tinha tatuagens: na testa, no pescoço, no peito, nos braços, nas mãos, nos tornozelos.

Isso aqui é uma capela?, Beverly pensou. Ela foi para um canto na parte de trás. Precisava de alguns minutos para se recuperar e orar antes de falar. Então, um par de olhos verdes claros no rosto rodeado por mechas castanhas de estilo rastafári apareceu a poucos metros do rosto de Beverly.

David, um ex-mafioso, entrou na frente dela.

"Então, dona, o que você tem para oferecer aqui? Você nunca levou esta vida. O que você tem para dizer?"

Beverly queria desaparecer dali.

Cercado por uma grande multidão, Jesus ia com seus discípulos a uma cidade chamada Naim. Sua fama estava se espalhando; a notícia de que ele havia curado o filho doente de um centurião transformou-o em um ímã para as pessoas necessitadas.

Assim que chegaram à porta da cidade, eles se depararam com uma segunda multidão saindo da cidade. Era o cortejo fúnebre de um jovem. Seu corpo era carregado pela rua em um caixão aberto.

Jesus identificou a viúva, mãe do morto. Lucas registra a reação de Jesus desta forma: "Ao vê-la, o Senhor se compadeceu dela e disse: 'Não chore'" (Lucas 7.13, ênfase do autor).

Cercado por uma multidão de pranteadores e curiosos, Jesus concentrou-se no que viu em uma pessoa: uma mãe sofrendo por seu único filho.

Jesus olhou para o rosto da mulher, mas viu a dor em seu coração. Ele sentiu a dor e o senso de desesperança dela.

A dor da mulher passou a ser a dor de Jesus Cristo.

Para cumprirmos nosso propósito de amar o mundo destruído, precisamos ver a desolação do mundo com olhos de amor.

. . . .

Beverly olhou bem para o mafioso de quase cem quilos que não tirava os olhos dela.

Ela viu os olhos de um homem zangado que há muitos anos vinha trilhando um caminho difícil. Seu amor viu a dor e a solidão daquele homem. Ela viu um homem que desafiou suas "credenciais" para ministrar na prisão como uma forma de evitar que fosse decepcionado mais uma vez.

Então ela pensou na dor que sofreu, vivendo separada do marido por quatro anos, depois de meses e anos de sonhos destruídos e de frustrações. Pensou no momento em que ouviu que tinha câncer de mama, encarando a possibilidade de morte durante uma cirurgia dolorosa e sessões de radiação.

Beverly pensou: Não sou tão diferente assim de você. Também fui ferida e rejeitada. Ela reconheceu seu passado doloroso no drama de David. Lembrou-se de como o abandono do marido a fez se sentir indigna e insegura. Agora, ela via aqueles sentimentos em David voltando-se contra ela.

Ela engoliu seco e sorriu para o único valentão que já havia conhecido.

"Você tem razão. Nunca estive na prisão e provavelmente sou a última pessoa que você imaginaria vir até aqui", ela começou. Outros homens que estavam por perto ouviam também. "Mas sei que eu deveria estar aqui. Eu deveria vir aqui para falar de esperança, de como Jesus transformou minha vida destruída e de como ele pode transformar a sua também."

Naquele momento, Beverly se sentiu capacitada, mas não tanto pelo que disse, mas sim pelo que viu. Olhando para David, o coração de Beverly viu um homem que precisava daquilo que Deus lhe tinha dado: esperança!

Olhando para David, seu coração viu uma parte de si mesma. Ela não pôde ver David pelo que ele era sem antes se lembrar de quem ela era.

Irmã Bev agora ministra todos os meses no "xadrez".

Na verdade, os presos começaram a recrutar outros para irem à capela quando é dia de Beverly falar.

O coração da irmã Bev vê os presos como Deus os vê. Ela lhes oferece esperança — esperança por meio do Senhor.

Agora, os presos regularmente falam para ela que a esposa deles está querendo o divórcio, que não sabem se a esposa os está traindo, que se preocupam com quem está criando os filhos deles.

Eles sentem o peso da culpa pelo crime que os levou para a cadeia, em primeiro lugar.

As visões femininas de Beverly têm ajudado os presos a entenderem a dor e a mágoa que a esposa deles está sentindo. Separada do marido, mas ainda casada, Beverly diz aos presos que ora por ele todos os dias. Sua fidelidade tem sido uma lição surpreendente para eles. Muitos deles nunca receberam conselhos conjugais de uma mulher, muito menos de uma religiosa.

Ao olhar para as pessoas, você as vê pela perspectiva do homem ou de Deus? Lembre-se: "O homem vê a aparência, mas o Senhor vê o coração" (1 Samuel 16.7). O mais importante: você se vê como Deus o vê: amado, mas ainda em crescimento?

Madre Teresa disse que a pior pobreza de todas é a solidão, a falta de amor. Se seu amor pode ver a dor e a desesperança no coração de alguém, ele tem boas chances de falar ao sentimento delas; ele tem boas chances de incentivá-las. Esteja disposto a fazer um sacrifício por elas, dando-lhes a esperança que elas não têm.

Ao entrar na capela, o medo da irmã Bev foi alimentado pelo que ela julgou serem relevância, experiência e treinamento inadequados. Contudo, quanto mais viu a condição destruída dos presos e quanto mais pôde revelar-lhes seu coração ao ser transparente sobre seu casamento fracassado, mais ela pôde comentar sobre seu medo do que o câncer faria com ela, mais sua ministração foi poderosa para eles.

Para cumprirmos nosso propósito de amar o mundo destruído, precisamos ver a desolação do mundo com olhos de amor. Precisamos estar dispostos a compartilhar nossa própria desolação. Precisamos permitir que o amor de Deus nos mostre a desesperança das pessoas assim como Jesus a vê.

AJUDA *Necessária*

Segundo dados do IBGE, entre 2005 e 2009 houve um aumento de quase 100% da população carcerária no Brasil.[6]

FAÇA ALGUMA COISA

ATIVIDADES

Quando cumprimentar as pessoas hoje com o típico "tudo bem?", faça o melhor possível para dar a entender exatamente isso. Pare e pergunte pela segunda vez, e espere a verdade. Seja honesto com elas sobre seus sentimentos. Depois invista alguns segundos para incentivá-las.

Querido Deus, por favor, mostra-me a necessidade espiritual daqueles com quem eu vier a ter contato. Dá-me um coração sensível e amoroso para ver as pessoas pela tua perspectiva e para amá-las segundo a necessidade real delas.

13

O Cozinheiro

Até Quem Não é Digno de Ser Amado

> Mas Deus demonstra seu amor por nós: Cristo morreu em nosso favor quando ainda éramos pecadores.
>
> — Romanos 5.8

Não havia uma luz acesa na casa, pelo menos ninguém podia ser visto na rua, mas isso não iria nos deter.

Danny disse-me que tinha um novo contato para conseguir cocaína. Logo depois de anoitecer, fomos de carro até a "boca", em um bairro violento de casas térreas antigas no sudeste de San Diego. As grades nas janelas eram para lembrar que coisas ruins haviam acontecido naquele quarteirão. Uma voz baixa e suave sussurrou: "Cuidado, Miles."

Mesmo tendo orado com os *hippies* e recebido a visita do Homem Invisível, o próprio Deus, eu ainda não estava vivendo para Deus.

Danny era um dos atletas mais talentosos que estava jogando pelo Chargers naquela temporada. Era um jogador de defesa de 1,87 metro e 86 quilos, um mulherengo assumido. De pele macia e chocolate, dentes branco-perolados perfeitos e bigode, o mano jurava que tinha saído de uma revista voltada para o público masculino. Apesar de sua aparência bem cuidada, ele e eu íamos brincar com fogo.

Danny bateu na porta enquanto fiquei no pé da escada, dê olho na rua. Aqui eu estava paranoico, pensando em quem poderia saber que estávamos indo a esta casa, e olha que ainda não estávamos drogados.

O mano que abriu a porta parecia ter acabado de acordar. Talvez dez centímetros mais baixo que Danny, com cabelo crespo, despenteado, ele esfregava os olhos enquanto fazia sinal para entrarmos. Imaginei que fosse o traficante. Passamos espremidos pela porta e ficamos na sala com pouca luz. A casa estava silenciosa, não fosse a música baixinha que vinha de um quarto dos fundos.

O amigo de Danny imediatamente atravessou o corredor e voltou, entregando a ele um pacote branco do tamanho de uma caixa de fósforos com papéis dobrados.

Danny passou-o para mim.

Os dois jogaram conversa fora, e eu ouvi a palavra *crack*.

Danny já havia fumado *crack* várias vezes, mas eu não. Jurei que nunca fumaria aquela coisa.

Entretanto, falei isso sobre a cocaína. Falei isso sobre a maconha também, que, até então, eu estava fumando fazia aproximadamente seis anos.

Eles me disseram que um cara estava preparando o *crack* no banheiro. Eu não iria fumar, mas, por ser curioso, pedi para ver como era preparado. O traficante levou-me para os fundos da casa, bateu na porta do banheiro e a abriu. Eu não fazia a menor ideia do que esperava ver.

Lá, sentado em um banquinho ao lado do vaso sanitário, estava um esqueleto coberto de pele marrom escura usando *shorts* e uma camiseta sem mangas. O esqueleto estava tremendo. Vi quando mergulhou uma colher pequena em uma jarra.

O cozinheiro — não lembro seu nome — recebeu-me em sua "cozinha" com um baixo "e aí?" e um pequeno aceno de cabeça. Depois, voltou para o trabalho.

O banheiro tinha cheiro de aula de química na escola de ensino médio. Não havia nenhum conforto. Não havia escovas ou pasta de dentes, sabonete, toalhas nem tapetes. Em vez disso, o banheiro tinha pequenas tigelas com líquidos e utensílios sobre a pia. Uma chapa elétrica ligada na tomada da parede estava colocada sobre a tampa do vaso, junto com uma pequena balança usada para pesar o pó a fim de fazer a "pedra".

Tive cuidado para não empurrar o homem. Eu tinha dúvidas, mas pensei em deixá-lo tomar a iniciativa e começar a conversa quando tivesse vontade. Fiquei sentado na beira da banheira por quase trinta minutos, vendo-o misturar e preparar suas substâncias químicas.

O processo consistia em preparar a cocaína até sua forma mais forte para ser colocada em um cachimbo e fumada. A fumaça forte remetia os usuários a um ataque de fúria tão forte induzido pela euforia que eles se esqueciam de que você estava na sala com eles. Isso eu mesmo logo testemunharia.

Eu não conseguia tirar os olhos do cozinheiro. Seu corpo esquelético e cinzento, na verdade, era de um rapaz jovem, mas que havia sido destruído pelo consumo de drogas. Durante todo o tempo em que estive ali, ele ficou se coçando.

Eu não sabia nada sobre ele, mas fiquei pensando nele e em como sua vida estava maltratada. Era como se eu estivesse sentindo pena dele. Mas por quê? Ele escolheu aquela vida para ele.

Então passou pela minha cabeça que talvez Jesus estivesse tentando amá-lo por meio de mim.

Jesus amou a todos com quem teve contato. Até aqueles considerados pelo cidadão comum indignos de ser amados e impuros.

No primeiro capítulo do livro de Marcos, há uma história em que um leproso se aproxima de Jesus. Naqueles dias, aqueles a quem a Bíblia chama de leprosos deviam gritar "Impuro! Impuro!" em todos os lugares a que fossem para que as pessoas pudessem manter uma distância de, pelo menos, dois metros. A doença era considerada muito contagiosa. Se o vento estivesse soprando, era preciso estar a nove metros de distância do leproso. Não havia cura, não havia aonde ir para obter ajuda.

Contudo, esse leproso, segundo o que ouviu, creu que Jesus poderia curá-lo. Quando viu Jesus chegando, foi até ele, ajoelhou-se e disse: "Se quiseres, podes purificar-me!" (Marcos 1.40).

Ao contrário de todos os outros que passavam pelo leproso, Jesus estendeu a mão e tocou nele. Até então, ninguém chegaria a menos de dois metros desse rapaz, e isso em um dia bom.

Qual foi a motivação de Jesus? A Bíblia diz que ele se compadeceu do rapaz. Ele amou tanto o leproso que saiu da zona de conforto cultural para expressar esse amor.

....

Assim, eu estava sentado ali na beira daquela banheira, pensando: *Jesus ama este cozinheiro de* crack *também?*

Naquele momento, pareceu que Jesus queria expressar seu amor a esse cozinheiro. Mas, esse rapaz, ao contrário do leproso, não estava procurando Jesus. Estava ocupado com o *crack*. Então, por que a cena era tão forte em minha mente e em meu coração? O que o problema dele tinha a ver comigo?

Dei uma olhada no espelho do banheiro e encontrei a resposta. *Qual era a diferença entre mim e o cozinheiro?*, eu me perguntei. Estávamos no mesmo lugar fazendo praticamente a mesma coisa. Eu estava começando a me definhar como ele — por sorte, eu estava em boa forma por causa do futebol. Talvez eu fosse o mais digno de compaixão naquele lugar. Eu tinha um coração novo, mas não o estava usando.

....

O ministério de Jesus resumia-se em amar pessoas destruídas até quando elas o ignoravam.

Este cozinheiro era do tipo que as pessoas evitam. Contudo, por alguma razão, aqui estava eu, sentado em uma banheira, sozinho com ele. E, para deixar as coisas ainda mais confusas, eu estava pensando no quanto Deus o amava.

Além disso, desde o momento em que entrei na casa, Jesus estava tentando chamar minha atenção. Mas por que aqui, por que agora? Ali não era a igreja, mas uma boca de fumo.

"Miles, eu amo este rapaz", uma voz continuou a sussurrar em minha mente. *"Miles, eu amo você também."* Para ser sincero, ela estava me distraindo.

Aqui estava eu, um atleta profissional em uma boca de fumo. Jesus havia me abençoado com talento e uma grande oportunidade, mas eu os estava jogando fora.

De igual modo, tenho certeza de que aquele cozinheiro já havia visto dias melhores, e aquilo estava partindo o coração de Jesus. E, por alguma razão, estava afetando a mim também. Talvez porque estivesse partindo o coração de Jesus.

Afinal, seu propósito é amar quem é indigno de ser amado aos olhos do mundo, assim como Cristo amou

Talvez haja pessoas se definhando em sua vida bem diante de seus olhos. Talvez não sejam viciados em drogas esqueléticos que preparam crack, mas a vida dessas pessoas, com certeza, está tomando a direção errada. Por alguma razão, Deus colocou você na vida delas. Talvez ele lhe tenha mostrado algo nelas que elas não podem ver. Talvez ele lhe tenha mostrado algo nelas que ele quer que seja seu motivo de oração.

Arrisque-se e estenda as mãos para elas. Talvez seja preciso estar disposto a sacrificar seu tempo e sua energia por elas. Afinal, seu propósito é amar quem é indigno de ser amado aos olhos do mundo, assim como Cristo amou. (E lembre-se de que você poderia ser o indigno de ser amado.)

FAÇA ALGUMA COISA

ATIVIDADES

Identifique o "cozinheiro" em sua vida: alguém que esteja seguindo na direção errada. À sua maneira, expresse a essa pessoa que Deus não a esqueceu, que ele a ama. Escreva um bilhete, envie um e-mail ou faça uma visita a ela. Talvez aquele "cozinheiro" seja você.

Querido Senhor, sei que meu propósito é amar aqueles a quem colocas em minha vida. Por favor, faz-me lembrar que isso inclui aqueles que podem ser estranhos para mim, aqueles que podem se beneficiar com uma palavra bondosa do Senhor por meio de mim. Dá-me coragem para expressar teu amor para eles.

14

Carter

"Eu o amo"

> Digo-lhes a verdade: "O que vocês fizeram a algum dos meus menores irmãos, a mim o fizeram."
>
> — Mateus 25.40

— Pastor Bobby!

Robert Yates estava conduzindo mais de dez adultos de um furgão a um culto na Rock Church. A maioria andava de mãos dadas. Nem todas as calças chegavam aos tornozelos; nem todas as blusas cobriam barrigas. Alguns usavam óculos grossos.

— Acabou de acontecer um acidente com alguém, pastor Bobby!

Yates, um homem risonho de meia-idade cuja barba e estrutura física fazem-no parecer um Papai Noel bastante jovem, era um pouco inexperiente nesse ministério com pessoas com necessidades físicas ou de desenvolvimento. Ele já estava estressado, procurando saber se não havia perdido ninguém. *E agora?*, ele pensou.

Conhecido como pastor Bobby, Yates sentiu que Deus o havia chamado para começar o ministério para deficientes Luv-Em-Up. Ele amava servir às pessoas. E, como um ex-assistente social que havia realizado programas contra drogas e álcool em prisões, ele viu muita coisa.

Mas ele também era do tipo que vomitava quando via fraldas de bebê.

— O que aconteceu? — perguntou o pastor Bobby, com medo da resposta.

Seu pior pesadelo estava em pé atrás da multidão, com as pernas das calças manchadas e pingando na calçada. Tommy, um homem de quarenta e poucos anos com deficiência de desenvolvimento que normalmente estava sorrindo, parecia surpreso e sentindo-se humilhado.

— Desculpe, pastor Bobby. Fiz cocô na calça.

O estômago de Bobby virou. *Ah, não. O que faço agora?*

— Todo mundo! Atrás de mim! — ele disse em voz alta e, de modo frenético, começou a procurar um banheiro. Os homens e as mulheres do ministério Luv-Em-Up seguiram em silêncio e esperaram em bancos do lado de fora enquanto Bobby levava Tommy a um banheiro masculino que havia por perto, tentando não vomitar.

— Pastor Bobby, deixe que eu cuido disso para o senhor.

Bobby levantou os olhos e viu Carter, outro membro do ministério, tirando a jaqueta e enrolando as mangas. Carter era grisalho e tinha seus 55 anos. Como Tommy, ele também tinha deficiência de desenvolvimento. Contudo, Carter era muito bom para se comunicar. Ele sempre era o primeiro a receber os recém-chegados com um sorriso largo e a sentar-se com eles.

Bobby ficou olhando para Carter por um instante com a náusea vindo à sua garganta.

— Pastor Bobby, o senhor precisa sair para que eu possa cuidar de Tommy — disse Carter.

— Tem certeza, Carter?

Carter olhou para Tommy e sorriu. Bobby não pôde acreditar no que ouviu em seguida.

— Seria um prazer para mim. Eu amo Tommy.

Como criancinhas pedindo ao pai para contar uma história de ninar, os discípulos de Jesus rogavam para que ele lhes falasse sobre o reino de Deus. Ele lhes contou uma história sobre sua segunda vinda.

Com o brilho de mil relâmpagos e o estrondo de dez mil trovões, o Filho do Homem aparecerá com seus anjos para julgar o mundo. Ele se assentará em seu trono, e vejo anjos até onde a visão alcança pairando sobre ele com suas asas imóveis e abertas, cantando *Santo, Santo, Santo.*

Imagino uma luz mais brilhante que o sol saindo das cicatrizes de suas mãos e de seus pés e enchendo os céus. Mesmo milhões sendo julgados, todos irão se sentir intimamente próximos a ele.

Em um piscar de olhos, o canto de milhões de almas se levantará à destra de seu trono, na posição de quem foi aprovado por Deus. Naquele mesmo instante, o choro e os gemidos de milhões se levantarão do lado esquerdo, na posição de quem foi desaprovado por Deus (Mateus 25.31-46).

Como duas ondas arrebentando uma na outra, o regozijo e o lamento irão se encontrar no trono, e o Filho do Homem julgará a justiça e a injustiça. Ele ficará diante de seu trono, e imagino as asas dos anjos se fechando enquanto se curvam em silêncio.

O Filho do Homem olhará para os da direita e dirá: "Muito bem, servos bons e fiéis. Vocês me amaram, 'pois eu tive fome, e vocês me deram de comer; tive sede, e vocês me deram de beber; fui estrangeiro, e vocês me acolheram; necessitei de roupas, e vocês me vestiram; estive enfermo, e vocês cuidaram de mim; estive preso, e vocês me visitaram'" (vide Mateus 25.23, 35,36).

Então, ele se virará para os da esquerda e dirá: "Malditos, apartem-se de mim para o fogo eterno, preparado para o Diabo e os seus anjos. Pois eu tive fome, e vocês não me deram de comer; tive sede, e nada me deram para beber; fui estrangeiro, e vocês não me acolheram; necessitei de roupas, e vocês não me vestiram; estive enfermo e preso, e vocês não me visitaram" (Mateus 25.41-43).

Quando ele se sentar, os gritos de almas confusas vão ressoar dos dois lados. "Quando o vimos enfermo ou preso, nu ou com fome? Quando o Senhor precisou de cuidado? (veja Mateus 25.37-39).

Então o Filho do Homem responderá: "Digo-lhes a verdade: O que vocês fizeram a algum dos meus menores irmãos, a mim o fizeram" (Mateus 25.40).

Cumprir seu propósito de amar o mundo inclui cuidar dos *menores*, aqueles que não podem retribuir seu favor. Amá-*los* não tem só a ver com o que você pode lhes oferecer, mas também com o que o próprio Jesus ensinou sobre amor por meio deles.

....

Enquanto ia para casa naquela noite, Bobby encostou o carro ao meio-fio em lágrimas.

Por que não consigo amar assim?

Ele pensou nos homens e nas mulheres do Luv-Em-Up.

Eles o abraçam e dizem que o amam o tempo todo. Nunca parecem ver algo negativo em Bobby. Se ele tropeça, eles riem e dizem: "De novo!" Eles o aceitam pela pessoa que ele é, pelo modo como ele é. Não fazem perguntas.

Os momentos que passa com eles são os de maior relaxamento da semana. Embora seja ele o chamado a incentivá-los, são eles que o ensinam.

Parado à beira da estrada, ele pensou bem em tudo o que havia acontecido naquele dia.

Depois de deixar Carter com Tommy, ele correu em pânico para o furgão a fim de tentar encontrar algo que Tommy pudesse vestir. Tudo o que encontrou foi uma toalha pequena. Enquanto voltava às pressas, ele viu Carter saindo do banheiro com a frente da camisa e das calças encharcadas. Com uma das mãos segurava a mão de Tommy; com a outra segurava uma trouxa de roupas sujas de Tommy. Tommy estava limpo e seco agora e usava apenas a jaqueta de Carter amarrada na cintura.

— Pronto. Vamos! — Carter simplesmente disse, seguindo em direção ao templo da igreja.

Surpreso, Bobby ficou parado ali. Carter agia como se nada tivesse acontecido, como se não tivesse feito nada de extraordinário.

— Espere aí, Carter. Não podemos entrar agora. Temos que ir para casa, mas será divertido lá também. Obrigado por ajudar Tommy.

— Não me agradeça, pastor Bobby. Ele é meu amigo. Eu o amo — ele disse novamente.

Quando o grupo retornou ao seu lar assistencial, Bobby ajudou Tommy a sair do furgão. "Pastor Bobby", ele disse com um olhar triste. "Carter orou por mim no banheiro quando me limpou. Ele me ama, hein?"

Bobby ficou surpreso.

"Minha vida mudou naquele dia", ele diria mais tarde.

"Meu amor e meu serviço foram levados a um novo nível. Até hoje, eu ainda busco aquele tipo de amor incondicional."

AJUDA
Necessária

Nove milhões, ou 13%, de crianças nos Estados Unidos têm necessidade de um cuidado especial.[7]

Quantas vezes você já viu um grupo de Carters e Tommys pela rua e sentiu pena deles, sem perceber que poderiam lhe ensinar uma ou duas lições sobre como amar as pessoas? Quantas vezes você menosprezou os pobres, sem perceber que Deus os escolheu para ser ricos na fé, ou os fracos, sem perceber que talvez tenham um nível de força interior que você nunca terá?

Amar os "menores" — as pessoas que não podem retribuir seu favor nem elevar sua posição social — não é um evento de caridade anual. Não é algo que você faz para se sentir bem. Não é seu modo de entrar no céu, mas é algo que está óbvio na vida daqueles que estão indo para lá.

Seu propósito de expressar o amor de Deus irá levá-lo a receber uma lição sobre esse amor. Jesus simplesmente disse que cuidar dos menores era o mesmo que cuidar dele.

Por quê?

Quando somos fracos, nós nos tornamos fortes na força de Deus, porque é durante esses momentos de fraqueza em nossa vida que a força de Deus se expressa na forma mais pura (2 Coríntios 12.10). É essa expressão pura do

Seu propósito de expressar o amor de Deus irá levá-lo a receber uma lição sobre esse amor.

amor de Deus que encontramos quando cuidamos dos menores e, quando isso acontece, recebemos uma grande lição de amor.

Jesus ensinou a seus discípulos que existem denominadores comuns específicos entre aqueles que creem nele. Uma dessas características é um passado que consiste em expressar amor às pessoas necessitadas: os menores. Nosso cuidado para com eles é um indicador do quanto estamos cumprindo bem nosso propósito de amar as pessoas.

FAÇA ALGUMA COISA

ATIVIDADES

Onde você está neste exato momento? Em casa? No trabalho? Em um avião? Em uma sala de espera? Onde quer que você esteja, tente identificar alguém ao seu redor ou dentro de um raio de um quilômetro e meio que possa ser, aos olhos do mundo, "menor". Achou? Muito bem. Agora tudo o que você tem a fazer é mostrar-lhe o amor de Deus. Vá em frente.

Querido Senhor, por favor, abre os olhos de meu coração para que eu possa ver de quem queres que eu cuide. Por favor, protege-me de meu orgulho para que eu possa aprender uma lição com aqueles que parecem menos favorecidos.

15

Francisco

Multiplicação

Portanto, vão e façam discípulos de todas as nações, batizando-os em nome do Pai e do Filho e do Espírito Santo.

— Mateus 28.19

Francisco tremia enquanto subia os degraus de cimento em direção à próxima casa. O garoto de dez anos notou que as cortinas por trás das grades da janela de ferro batido ainda estavam fechadas. Lá dentro, as pessoas provavelmente ainda estavam dormindo. Ele passou a sacola de plástico com ovos para o outro ombro e bateu na porta.

"*¡Vete!* Não queremos nada!", gritou um homem pela janela.

Francisco suspirou e virou-se para ir embora no momento em que o sol estava surgindo sobre as montanhas atrás do bairro hispânico. Ele sempre gostava de ver o dia amanhecer, porque era quando ele começava a esquentar. Tinha ainda meia hora antes de ir para a escola.

Passar pelas ruas cheias de pedras de Tijuana no inverno, às 6h30, era difícil, mas ele tinha de ganhar seus 25 centavos diários para garantir o almoço.

Sua mãe fazia tortilhas de milho para ganhar um dólar por dia. Quando ficava doente, ela e os quatro irmãos de Francisco não comiam nada a não ser o que era servido na escola.

Francisco lembrou-se de quando tinha sete anos. Foi em um desses dias de "mamãe doente". A vizinha que ajudava a tomar conta das crianças perguntou-lhe o que a família iria comer naquele dia. Descalço e sujo, Francisco respondeu: "A gente não vai comer hoje. Mamãe está doente."

A vizinha pediu-lhe que fosse correndo ao mercado para ela. Ela lhe daria alguma coisa. Quando ele voltou, ela estava raspando arroz e feijão do fundo de uma panela que entregou a ele. Aquela era a comida para ele e seus irmãos.

Enquanto saía da casa da mulher, Francisco olhou para o céu com lágrimas nos olhos e prometeu nunca deixar que isso acontecesse com ele novamente.

Pela janela, a próxima casa tinha uma luz acesa. Um vaso de gerânios no primeiro degrau da entrada fazia o lugar parecer mais simpático que alguns dos barracões dos quais ele havia se aproximado. Ele bateu na porta.

Quando a porta se abriu, ele ficou paralisado de constrangimento.

....

Andando à beira da praia, Jesus aproximou-se de dois pescadores que estavam segurando as pontas de suas redes, esticando-as e lançando-as sobre o mar. Quando se preparavam para lançar outra rede, Jesus os interrompeu com uma simples ordem: "Sigam-me, e eu os farei pescadores de homens" (Mateus 4.19). A Bíblia diz que, *no mesmo instante, eles deixaram suas redes e o seguiram.*

Ele deu a mesma ordem a Levi, que estava sentado em sua coletoria. Jesus disse: "Siga-me" (Mateus 9.9), e Levi se levantou e o seguiu.

Ele repetiu esse processo até ter seus doze discípulos. Eles andaram com Jesus por três anos, descobrindo as dificuldades de como era ser pescadores de homens.

Os discípulos testemunharam-no exercer o poder sobrenatural por meio de seus milagres. Ouviram-no ensinar as lições espirituais da Palavra de Deus e viram-no enfrentar líderes religiosos hipócritas. E ele lhes disse que eles fariam tudo o que ele havia feito e mais, uma vez que ele voltasse para morar com o Pai celestial.

Pouco antes de deixá-los pela última vez, Jesus fez com que se lembrassem da missão que tinham.

Em Mateus 28.19, ele disse: "Vão e façam discípulos de todas as nações, batizando-os em nome do Pai e do Filho e do Espírito Santo."

Jesus não veio somente para amar seus doze discípulos ou aqueles a quem pessoalmente iria curar, libertar ou encorajar. Ele veio para ativar um movimento que iria muito mais além do que seu tempo na terra.

De modo estratégico, ele estabeleceu um sistema que multiplicaria seus esforços por meio de seus doze discípulos e alcançaria o mundo. Fez isso ao investir de si mesmo neles até que estivessem prontos para investir de si mesmos em outros.

O processo de discipulado de Jesus não se limitava a passar informações. Era um processo que consistia em passar experiências de vida com o objetivo de levar seus seguidores a cumprirem os propósitos da vida de cada um deles, a qual sofreu mudanças inesperadas.

....

Senhora Vicki, professora da quinta série de Francisco, apareceu na porta.

"*Hola*, Francisco", ela disse, encarando-o com um olhar confuso no rosto. Ela era uma mulher baixa, rechonchuda, de meia-idade que, para Francisco, tinha bom coração. "O que você está fazendo aqui de manhã? A aula não vai começar logo?"

As bochechas de Francisco ficaram quentes e ele murmurou que estava vendendo ovos para conseguir o dinheiro do almoço. Senhora Vicki sorriu novamente e disse que seria um prazer comprar dois ovos.

Francisco não se lembra de muita coisa depois disso, só que foi correndo para casa o mais rápido possível.

Ele correu pelas ruas estreitas e cheias de pedras de Tijuana durante toda a vida.

Francisco não conseguia se lembrar de muita coisa de seus primeiros cinco anos. Aos seis anos de idade, ele e os irmãos moraram em um barracão de compensado sem água encanada e sem energia elétrica. Ficava no final de uma viela onde pessoas jogavam fora e queimavam seus lixos. Seus vizinhos eram prostitutas, traficantes de drogas e gente com pouco ou sem recursos. Ele e os irmãos tomavam banho com um balde de água uma vez por semana. Francisco teve piolho na maior parte de seus primeiros dez anos.

Praticamente falando, Francisco vivia sozinho. Naquela época, sua mãe trabalhava em San Diego durante a semana como empregada. Seus patrões visitavam-na uma vez por semana e davam-lhe trinta minutos com os filhos no carro. A vida era assim: um casal de vendedores ambulantes cuidava dele, de sua irmã de três anos, de um irmão de um ano e de outro irmão de colo. Para ajudar, Francisco vendia chicletes na rua.

Quando ele estava com quase seis anos e meio, sua mãe voltou para Tijuana e começou a fazer tortilhas para ganhar a vida. Entretanto, sobreviver era a principal prioridade; estudar ficava para segundo plano. Uma vez que raramente fez uma refeição equilibrada durante a fase de crescimento, Francisco foi uma das crianças mais miúdas da sala de aula.

Ele repetiu a primeira série e ficou para trás desde então. Agora, na quinta série, sentar-se no fundo da sala era um sinônimo de suas notas. Ele não tinha certeza de que se daria bem na escola. Certamente não tinha exemplos para seguir. Seu pai abandonou a família havia muito tempo, e sua mãe não foi além da terceira série.

Um dia depois de bater na porta da senhora Vicki, Francisco levantou-se e estava para sair com seus coleguinhas tagarelas da quinta série para o recreio quando a senhora Vicki pediu: "Francisco, venha aqui, por favor?"

O que ela queria? Normalmente os professores de Francisco nunca falavam com ele a não ser que estivesse encrencado. Ele se esqueceu de entregar a lição de casa? Ela iria caçoar dele por causa dos ovos?

Ele se preparou para levar algumas palmadas, já que os professores podiam fazer isso naquela época. Ficou olhando para o chão.

— Francisco — ele ouviu a senhora Vicki dizer — eu gostaria que representasse a sala na competição de leitura.

Surpreso, Francisco levantou os olhos. A senhora Vicki estava sorrindo.

— Eu?

— *Sí*. Venho observando você. Eu acho que você poderia se sair muito bem mesmo — ela disse.

Francisco sentiu um calor se espalhar da cabeça aos dedos do pé e aceitou o desafio.

Mesmo estando convencido de que nunca tiraria boas notas, Francisco queria muito se dar bem na vida. Sem saber, ele estava procurando alguém que acreditasse nele. Então, quando a senhora Vicki ofereceu-lhe um pouco de esperança, ele a agarrou e nunca desistiu.

Francisco estudou muito. Embora ele não tenha vencido a competição, a experiência fez com que recuperasse a confiança. Daquele momento em diante, ele nunca mais tirou notas inferiores a B. Mesmo quando ele foi para a sexta série e para as demais, a senhora Vicki continuou a desafiá-lo. Quer ele estivesse no pátio do recreio ou passando pelo corredor da escola, ela parava para perguntar como ele estava.

Aquela constante presença era um lembrete para Francisco de que a senhora Vicki acreditava que ele era alguém com potencial. Ela estava certa.

Francisco continuou a ir à escola seis dias por semana enquanto trabalhava nos sete dias e durante todo o verão. Mais tarde, ele imigrou para os Estados Unidos, formou-se em Educação Física na Universidade Estadual de Ohio, jogou futebol profissional por cinco anos e foi um alto executivo da McDonald's Corporation por vinte anos.

Conhecido como Frank, ele trabalhou como diretor nacional de treinamento de toda a empresa, foi vice-presidente corporativo da área de relacionamento para franquias, estratégia e

AJUDA
Necessária

Para cada 100 alunos que entram na primeira série, somente 47 terminam o 9º ano na idade correspondente, 14 concluem o ensino médio sem interrupção e apenas 11 chegam à universidade.[8]

inovação nos Estados Unidos; vice-presidente corporativo do Restaurant Solutions Group, que supervisiona negócios em todo o mundo, e consultor do presidente.

Não compete a você fazer com que os outros gostem de você, mas ajudá-los a se tornarem a pessoa que Deus quer que sejam, para que possam cumprir seu propósito de obedecer a Deus.

Depois de deixar o McDonald's, Frank formou um grupo de consultoria para ajudar CEOs em áreas como estratégia e liderança. Também é meu parceiro pessoal na contabilidade, e eu o amo como irmão.

"Até hoje não sei por que a senhora Vicki se interessou por mim, mas sou grato por isso", ele me disse uma vez.

Jesus chamou-nos para fazer discípulos, pessoas que vão multiplicar nos outros aquilo que você investiu nelas.

Sem discípulos, o cristianismo não teria passado de uma geração, o que dirá de milhares de anos.

Se ainda não o fez, Deus está para enviar-lhe a "esponja seca de uma alma", pronta para absorver tudo o que ele deseja dar através de você. Tudo o que você precisa fazer é dar mais de si mesmo e compartilhar experiências, lições e descobertas. Não compete a você fazer com que os outros gostem de você, mas ajudá-los a se tornarem a pessoa que Deus quer que sejam, para que possam cumprir seu propósito de obedecer a Deus.

FAÇA ALGUMA COISA

ATIVIDADES

Peça a Deus para revelar a você uma pessoa em quem ele quer que você invista com o único propósito de você se multiplicar por meio dela. Talvez essa pessoa seja uma criança ou um adolescente, pois Jesus disse: "Deixem vir a mim as crianças e não as impeçam; pois o Reino dos céus pertence aos que são semelhantes a elas" (Mateus 19.14). Para isso, será necessário um compromisso de sua parte, mas esse compromisso em si mesmo faz parte de seu discipulado.

Querido Senhor, tens me abençoado e ainda estás realizando uma grande obra em meu coração. Oro para que envies uma pessoa à minha vida que esteja disposta a receber aquilo que tens para dar-lhe através de mim.

FAÇA Alguma Coisa! **Mito 3**

Não tenho capacidade de ajudar se nunca passei pela dor daqueles que estou tentando ajudar.

As Mentiras por Trás Desse Mito

- As pessoas precisam de nossos conselhos ou de nossas experiências.
- As pessoas só se preocupam com qualificações.
- Ajudar significa consertar as coisas ou ter experiência no sentido de tornar as coisas melhores.

As Verdades

- As pessoas precisam de amor. Elas se preocupam mais com um coração cheio de boa vontade.
- Ajudar tem a ver com estar ao lado de pessoas que estejam sofrendo.

Versículo bíblico

Levem os fardos pesados uns dos outros e, assim, cumpram a lei de Cristo.

— Gálatas 6.2

Algo para se lembrar

Cabe a você estar ao lado daqueles que estão sofrendo e sofrer com eles.
Sua presença e disposição para dividir o fardo com aqueles que estão sofrendo é tudo o que Deus lhe pediu para fazer.

Parte 4

Pesar

Não tem só de doer

Todos sabemos que a **dor** é inevitável, mas nem sempre percebemos que ela pode se transformar em algo poderoso em nossa vida. A dor não tem só de doer.

> Nenhuma disciplina parece ser motivo de alegria no momento, mas sim de tristeza. Mais tarde, porém, produz fruto de justiça e paz para aqueles que por ela foram exercitados.
>
> — Hebreus 12.11

16

Jordan

O Presente da Dor

> Meus irmãos, considerem motivo de grande alegria o fato de passarem por diversas provações, pois vocês sabem que a prova da sua fé produz perseverança. E a perseverança deve ter ação completa, a fim de que vocês sejam maduros e íntegros, sem lhes faltar coisa alguma.
>
> — Tiago 1.2-4

O aroma de biscoitos assando no forno subiu as escadas e fez cócegas no nariz de Jordan. O menino de seis anos deixou de lado o livro de cabeceira e espiou pela porta. Sem pai e sem mãe à vista, ele desceu correndo as escadas com seu pijama do Bob Esponja. Nada como biscoitos frescos com pedacinhos de chocolate!

Jordan abriu com força a porta do forno e, sem luvas, puxou a forma em sua direção, pegando um punhado de biscoitos borbulhando. Nos minutos seguintes, encheu a boca de massa de farinha quente, queimando os dedos, os lábios e a língua.

Ele não sentiu o calor de mais de 170 graus nem percebeu as bolhas vermelhas se formando em sua língua e em suas mãos.

"Jordan!", gritou sua mãe, correndo para a cozinha.

Jesus examinou a multidão amontoada na casa. Os doentes, os coxos, os pobres e os pobres de coração estavam ali, esperando alívio. Assim que Jesus retomou sua lição sobre o reino de Deus, veio um estrondo do teto. Pó e argamassa caíram sobre a cabeça e os ombros das pessoas, que protegeram os olhos quando olharam para cima.

A dor pode fazer mais do que machucar; ela pode ensiná-lo os limites entre decisões espirituais certas e erradas.

De repente, um feixe de luz do sol penetrou o pó e iluminou Jesus, que provavelmente começou a sorrir. A multidão murmurava. O que estava acontecendo? Alguém estava abrindo um buraco no teto! Mais luz inundou o lugar que depois foi escurecido de uma estranha forma.

Bem acima da cabeça de Jesus descia pouco a pouco pelo buraco no teto uma maca amarrada a cordas. Na maca estava amarrado um homem esquelético que não podia se mexer.

Seus quatro amigos viram-no sofrer o suficiente. Não tinham mais para onde correr, ninguém mais a quem pedir ajuda. Ouviram falar sobre o que aquele rabino podia fazer. A história registrada em Lucas 5.17-19 diz que, infelizmente, assim que chegaram à casa em que Jesus estava pregando, a multidão era tanta que saía pela porta da frente. Então eles decidiram entrar, à maneira da SWAT.

Em uma cena que lembrava um desses programas de resgate de pessoas, quatro homens imaginaram descer seu amigo paralítico para receber oração. Uma vez que a maca alcançou o chão, Jesus deu ao homem deficiente algo que ele provavelmente não estava esperando.

....

A mãe de Jordan tirou os biscoitos quentes que restavam no colo de Jordan, jogou-os sobre a bancada e derramou água fria em um pano de prato. Limpou suavemente o chocolate do rosto e dos dedos de Jordan e depois enrolou as mãos dele com o pano, forçando-se, ao mesmo tempo, para não repreender o filho por ser desobediente e se machucar.

Jordan tem uma doença chamada *insensibilidade congênita à dor com anidrose* (ICDA). Ele não consegue sentir dor ou temperaturas extremas.

Essa doença é extremamente rara. Somente um em cada 125 milhões sofre dela. Isso significa que Jordan é um em quase três pessoas em todo o Estados Unidos com essa doença. Quando Jordan não chorou ao nascer, os médicos, sem imaginarem que fosse algo como ICDA, simplesmente pensaram que ele fosse um garotinho durão.

Para Jordan, um dia terrível de frio não faz nenhuma diferença de um dia extremamente quente de verão. Como todo menino arteiro que gosta de saltar, andar de bicicleta na rua, praticar esportes e brigar com os amiguinhos, Jordan vai se machucar, mas nunca vai sentir.

Infelizmente, quer ele sinta dor ou não, seu corpo ainda é afetado. Mesmo não podendo sentir os biscoitos quentes, sua boca, língua e garganta ainda se encheram de bolhas.

Por causa da doença de Jordan, seus pais, o ex-técnico da Liga Nacional de Futebol (NFL), Tony Dungy, e sua esposa Lauren precisam ficar de olho nele 24 horas por dia, todos os dias, da melhor maneira possível. Uma vez que não consegue sentir dor, ele nunca irá procurá-los para pedir ajuda, porque não entende a necessidade de ajuda que a dor nos mostra.

Você consegue imaginar nunca saber que teve algo tão simples e comum quanto um tornozelo torcido? Você continuaria a andar com ele assim, piorando a lesão. O dano permanente limitaria sua capacidade de andar, dançar, correr e pular pelo resto da vida.

A dor que sentimos tem por objetivo proteger-nos de um comportamento prejudicial. Sem ela, continuaríamos a nos machucar.

....

Deus deu-nos a dor para proteger-nos, não só de nossos danos físicos, mas dos males espirituais.

Romanos 6.23 diz que o salário do pecado é a morte. Toda vez que pecamos, o resultado é algum nível de morte.

Quantas vezes você sofreu a dor de transgredir o padrão de Deus de dizer a verdade antes de parar de falar mentiras?

Quantas vezes você sofrerá a dor do pecado sexual antes de começar a viver com pureza?

Quantas vezes você sofrerá a dor da desobediência a Deus antes de aprender as lições que a dor está tentando ensinar ou perceber os limites que ela está tentando estabelecer?

Deus deu-lhe a dor para proteger-lhe do pecado.

....

Quatro rostos ansiosos olhavam pelo buraco no teto. E, enquanto o paralítico torcia a cabeça para olhar para Jesus, Jesus viu a fé deles.

A fama que Jesus tinha de curar pessoas era uma das razões pelas quais a casa estava cheia. Contudo, Jesus tinha coisas mais importantes para fazer. Ele queria curar a doença espiritual deles.

Muitas pessoas que vêm para Deus em busca de cura física ou alívio emocional, na verdade, estão sofrendo de ICDA espiritual. Elas não percebem como estão, de fato, distantes espiritualmente de Deus.

A boa notícia é que Deus vê sua necessidade e sua fé.

Jesus olhou para o paralítico e disse: "Os seus pecados estão perdoados." Em seguida, ele disse ao paralítico para se levantar e sair da casa; e foi o que o homem fez, glorificando a Deus enquanto ia embora.

....

A dor tem por objetivo trazê-lo ao Pai para ter ajuda no momento de necessidade.

Na verdade, se você está vivendo uma vida autodestrutiva, isso pode ser uma indicação de que seu relacionamento com Deus está distante, se é que esse relacionamento realmente existe. Quanto mais próximo for seu relacionamento com Deus, menos autodestrutiva será sua vida.

O pecado traz dor física, emocional e espiritual — um lembrete para evitarmos o comportamento que fere não só a nós, mas o coração de Deus também.

Nossa responsabilidade é permitir que a dor nos leve a Deus para obter conforto. A dor pode fazer mais do que machucar; ela pode ensiná-lo os limites entre decisões espirituais certas e erradas. *E pode impedi-lo de cometer erros futuros.*

FAÇA ALGUMA COISA

ATIVIDADES

Encontre-se com um amigo próximo ou ligue para ele. Depois de você explicar que está lendo este livro e sobre o que se trata este capítulo em particular, descreva para ele a dor que você sente depois de pecar. Também explique 1) o que você acha que sua dor o está instruindo a fazer e 2) de que outra dor seu sofrimento talvez o esteja protegendo. Então, convide seu amigo a compartilhar experiências similares.

Querido Senhor, obrigado por me dares a capacidade de sentir dor, protegendo-me de minha própria pecaminosidade e do mal contínuo à minha alma. Obrigado, Deus, por todas as lições morais que aprendi sobre o que é certo e errado por meio de experiências dolorosas em minha vida.

17

Sherrill

Dor de Dentro para Fora

> E consideremos uns aos outros para nos incentivarmos ao amor e às boas obras.
>
> — Hebreus 10.24

Sherrill sentou-se em um banco enferrujado em um galpão atrás de sua casa. A garçonete de 39 anos segurava uma espátula para pintura de metal debaixo da chama azulada de um maçarico até que ela ficasse em brasa. No entanto, ela não estava trabalhando em um projeto de construção.

Desligou o maçarico e enrolou a manga do braço esquerdo. Cicatrizes cobriam-lhe a pele do pulso até a parte interna do cotovelo.

Sherrill intencionalmente cortou-se com lâminas de navalha e facas mais vezes do que consegue se lembrar. Queimou-se com limas e ferramentas aquecidas, pressionando-as contra a pele até não poder mais sentir a dor.

Ser molestada por quatro anos pelo pai marcou sua alma com tanto ódio por si mesma que ela já tinha vontade própria.

A única razão pela qual os abusos cessaram foi que o pai teve um derrame que o deixou em coma. Mas, mesmo depois de ele ter morrido,

Sherrill odiava seu corpo. Ele era a causa de tanta dor. Ela se sentia mal por ser mulher. Afinal, se não fosse mulher, seu pai não a teria molestado e ela não estaria ferida assim. Sentia-se suja e indigna de qualquer coisa boa. Somente dor.

Quando Sherrill tinha doze anos, uma amiga mostrou-lhe onde havia gravado o nome do namorado no braço. A amiga pediu a Sherrill que se tornasse sua "irmã de sangue", convencendo-a de que o pacto não doeria e de que seria seguro. Elas fizeram um risco no punho com uma navalha e depois pressionaram as feridas com o sangue uma contra a outra.

Algo com relação àquela dor fez Sherrill se sentir livre e forte, só por um instante. Aquele foi o começo de 26 anos de um comportamento em que Sherrill machucava a si mesma.

Na cozinha ela virou a espátula incandescente na mão esquerda até a larga superfície plana ser pressionada sobre a pele de seu cotovelo esquerdo.

Sherrill queria misturar todas as cicatrizes em uma grande cicatriz. Contudo, a verdadeira razão para um ato tão doloroso era mais profunda do que isso. Envolvia sua alma.

Jesus e seus discípulos seguiram em direção aos gritos que vinham de sepulcros entalhados em um monte que dava para o mar da Galileia. Um homem esquelético e nu, coberto de arranhões e cicatrizes, pulava sobre a corrente amarrada na perna a uma estaca na gruta. Correntes quebradas espalhavam-se pela entrada do local.

De repente, o homem descontrolado arqueou e uivou. Em seguida, correu em direção a Cristo. Os discípulos colocaram-se na frente de seu Senhor, mas o homem caiu primeiro aos pés de Jesus.

Os demônios que o controlavam rogavam por misericórdia, dizendo: "Que queres comigo, Jesus, Filho do Deus Altíssimo? Rogo-te por Deus que não me atormentes!" (Marcos 5.7).

Jesus falou diretamente com os demônios. "Saia deste homem, espírito imundo!", ele disse (v. 8) e depois ordenou que a legião de demônios entrasse em uma manada de porcos, que se atirou precipício abaixo em direção ao mar. O homem descontrolado ficou sentado em paz, aos pés de Jesus. Não houve mais gritos. Não houve mais correntes quebradas nem gente correndo nua de um lado para o outro.

Em vez de se dirigir à dor externa, às cicatrizes e ao comportamento violento do homem, Jesus falou com o tumulto interior que estava lhe causando a dor.

....

Sherrill teve uma sensação de alívio quando pressionou a espátula quente em seu braço. O cheiro de pele queimada, de algum modo, era um símbolo de que a dor estava fugindo de seu coração partido.

A dor emocional de Sherrill era como um vulcão em seu coração. Tinha de vir à tona em algum momento. Ela precisava encontrar uma distração. Ferir-se com cortes e queimaduras tornou-se essa distração.

As feridas, o sangue e as cicatrizes permitiam-lhe dar à sua dor interior uma identidade com a qual ela podia lidar. Sem pensar nisso pela lógica, ela se convenceu de que, ao se machucar, poderia assumir o controle da dor que estava sentindo e remover o poder da pessoa que originalmente a machucou. O sangue também lhe dava a dor interna e a identidade externa com as quais ela podia se relacionar, as quais ela podia ver e tocar.

Às vezes, as experiências em que ela se cortou quase chegaram a tentativas de suicídio, uma espécie de ensaio geral. Contudo, na maior parte do tempo, foram distrações de sua dor interior.

Em sua mente, era uma forma de ela se abrir e deixar a dor sair.

AJUDA
Necessária

De acordo com pesquisas, 22% dos jovens britânicos se autoflagelam para lidar com sentimentos ou situações insuportáveis.[9]

As pessoas também se ferem quando sentem culpa por fazerem algo errado ou sentem a vergonha resultante da percepção de ser algo errado.

A dor interna não só machuca, mas também tenta se tornar uma dor externa autoinfligida.

A vida dói às vezes, e a dor é profunda. A dor interna não só machuca, mas também tentará se tornar uma dor externa autoinfligida.

Aquela voz da dor que causamos a nós mesmos diz que devemos falar da vida alheia, ficar bêbados ou chapados, comer compulsivamente ou ter relações sexuais. Mas, combater a dor com a dor nunca resolve nada.

Ao vir o homem endemoninhado, Jesus não se dirigiu à dor externa dele, que era apenas um sinal de sua dor interna. Em vez disso, Jesus falou diretamente com a fonte dos problemas do homem.

Jesus tem uma maneira de lidar diretamente com a dor que sentimos. Ele pode aplicar seu consolo diretamente em nossas cicatrizes internas e no trauma que elas causam. Ele pode trazer luz à nossa vida ao nos revelar o verdadeiro problema que está nos levando desnecessariamente a nos punir como fuga pelo que fizemos ou pelo que outra pessoa nos fez.

É hora de deixar Jesus falar diretamente com sua dor, lidando com a causa, e não com os sintomas.

FAÇA ALGUMA COISA

ATIVIDADES

Escreva algumas formas prejudiciais pelas quais você foge de sua dor. Você bebe? Amaldiçoa? Come demais? Agora escreva formas alternativas para lidar com a dor. Quando você sentir dor hoje, comprometa-se a fazer alguma coisa da sua segunda lista.

Querido Senhor, por favor, dá-me compaixão e visão para ajudar a levar meus amigos a um lugar onde possas falar diretamente com a dor no coração deles. Também peço que prepares o coração deles para receber tua mão que cura.

18

Elisha

Estratégia de Saída

> Não sobreveio a vocês tentação que não fosse comum aos homens. E Deus é fiel; ele não permitirá que vocês sejam tentados além do que podem suportar. Mas, quando forem tentados, ele mesmo lhes providenciará um escape, para que o possam suportar.
>
> — 1 Coríntios 10.13

Elisha, de sete anos, entrou se arrastando na parte de trás do carro da mãe. Deixou cair sua mochila do Homem-aranha no assoalho e jogou-se no banco como se fosse sua cama.

Ele mal conseguiu murmurar um "oi".

Do banco da frente, Nova se virou para perguntar: — O que foi, Elisha?

— *Tô* cansado, mãe. — Ele franziu a testa debaixo do cabelo castanho claro de surfista que caía sobre seus olhos.

— Por que, querido?

— Tem tantas crianças na minha escola com problemas.

Foi recreio algumas horas antes naquele mesmo dia. Centenas de crianças fervilhavam no pátio, conversavam e riam.

Em um canto pavimentado, meia dúzia de alunos da primeira e da segunda séries está em fila. Contudo, eles não estão esperando a vez para brincar de "estátua" ou descer no escorregador. Estão em fila para orar.

À frente da fila, Elisha segura as duas mãos de uma aluna da primeira série chamada Sheri.

— Por quem você quer que eu ore?

— Pela minha vó — Sheri sussurra, olhando para baixo. Uma lágrima pinga na blusa rosa da Hannah Montana. — Ela está com câncer. Ouvi mamãe dizer que ela vai morrer.

Elisha ora, com suas palavras de aluno de segunda série, pela avó de Sheri. "Querido Jesus, oro pela cura da vó de Sheri, para que ela não se afaste de Jesus, não tome o caminho errado. Oro para que o Senhor coloque a vó de Sheri no coração de Jesus. No nome de Jesus. Amém."

Um menino da segunda série chamado Diego é o próximo da fila. Elisha pergunta qual é seu pedido de oração.

"Meu pai. Ele precisa de um emprego", Diego responde calmamente.

Elisha ora pelo pai de Diego.

Outras crianças entram na fila. O irmão de Ryan está preso. Tom está resfriado. A melhor amiga de Susan está se mudando e ela está triste.

Elisha ora por eles, um após outro, até o sino tocar.

De ombros caídos, ele volta à sala de aula para terminar a leitura de Dr. Seuss, exausto com suas atividades pastorais.

Tudo isso começou porque alguém disse a Elisha que ele não era bacana.

Jesus, magro e queimado pelo sol, saiu do deserto depois de seu jejum de quarenta dias e entrou em uma sinagoga, mostrando-se destemido.

Era normal que rabinos visitantes falassem, por isso Jesus chegou esperando o momento de subir ao púlpito.

O assistente da sinagoga apontou para a plataforma e entregou-lhe um pergaminho contendo o livro do profeta Isaías. Jesus subiu no púlpito, abriu o pergaminho e leu-o em voz alta.

> O Espírito do SENHOR está sobre Mim,
> Porque Ele Me ungiu
> Para pregar boas novas aos pobres.
> Ele Me enviou
> Para proclamar liberdade aos presos
> E recuperação da vista aos cegos,
> Para libertar os oprimidos e proclamar
> O ano da graça do Senhor.
>
> Lucas 4.18,19 (de Isaías 61.1,2)

Todos entendiam que essa passagem descrevia o Messias que haveria de vir. Mas era costume os rabinos lerem uma passagem e depois se sentarem para explicá-la. Assim, todos os homens ficaram olhando para Jesus, curiosos para saber o que ele diria.

Jesus sentou-se, olhou para os dois lados da sala e disse o inimaginável: "Hoje se cumpriu a Escritura que vocês acabaram de ouvir" (Lucas 4.21).

Todos ficaram de boca caída. Olharam-se uns para os outros. *Quem este homem pensa que é?*, começaram a murmurar. "Não é este o filho de José?" (Lucas 4.22).

Jesus sabia o que aconteceria e lhes disse. Explicou que o Messias viria para dar-lhes provas infalíveis de sua autoridade e seu poder, e eles ainda assim iriam rejeitá-lo. Para piorar as coisas, ele disse que seriam os gentios que iriam aceitá-lo e adorá-lo. Na verdade, ele estava dizendo: *Vocês não saberiam quem era o Messias se ele lhes batesse na cabeça.*

Eles ficaram furiosos. *Eles*, e não os gentios, eram o povo escolhido de Deus,

Rasgando suas vestes e batendo no peito, eles gritaram: "Ele deve morrer!" Vociferavam, "blasfêmia!", empurravam Jesus e apertavam-no como uma multidão indignada de *paparazzis*. Levaram-no a um lugar onde podiam atirá-lo de um penhasco de três andares. Isso daria um basta às ilusões de grandeza daquele louco.

De algum modo, em meio à gritaria, ao empurra-empurra, aos punhos levantados e às batidas no peito, Jesus simplesmente passou pela multidão e cuidou dos negócios de seu Pai.

Todo o tumulto foi causado por um conflito com relação à identidade de Jesus. Ele se dizia Deus. Eles o rotularam de blasfemo. Jesus estava comprometido com quem ele era, não com quem a multidão estava tentando definir que ele era.

Devemos, primeiro, estar comprometidos com quem somos, as pessoas que Deus nos criou para ser. Você não pode deixar que a dor ou as pessoas e as circunstâncias que estão causando sua dor definam você. *Se permanecermos comprometidos com quem somos, a despeito das dores da vida que aparecem em nosso caminho, passaremos por elas e faremos algo significativo no mundo.*

Ao sentir dor, você tem duas opções de resposta. Ambas estão diretamente relacionadas com o modo como você se define.

Primeiro, você pode deixar que a natureza negativa da dor causada pela rejeição, pela tragédia ou pela desgraça defina você como um fraco, um fracasso ou como alguém que não é bom o bastante. Essa foi a acusação de Satanás acerca de Jó; era isso que alegavam os homens que Jesus enfrentou na sinagoga. Se você optar por deixar que a dor o redefina sob esses termos, provavelmente não verá a estratégia de saída de Deus. Mesmo que alguém lhe aparecesse com a solução de Deus, você não acreditaria que daria certo. Você já aceitou o rótulo de perdedor.

A segunda resposta possível à dor é definir-se como um vencedor corajoso ao se identificar como alguém que é de Deus. Você pode reconhecer que ele o ama e nunca se esqueceu de você. Você pode se rotular como alguém que está no meio de uma lição que envolve a dor como uma ferramenta para afiar sua confiança no Senhor.

Se é assim que você é, a estratégia de saída de Deus ficará mais clara para você.

Uma vez que Jesus sabia exatamente quem ele era e estava ciente do plano associado à sua identidade, ele sabia que morrer estatelado no chão depois de ser jogado de um penhasco não era sua "saída".

No entanto, embora tenha se aproveitado de uma estratégia de saída divina e se afastado do penhasco e da multidão que gritava "blasfêmia", Jesus não se afastou da multidão que gritou: "Crucifica-o!" (João 19.6). Ser crucificado fazia parte de seu plano para cumprir o propósito de sua identidade.

Saber quem você é não irá protegê-lo de se ferir com a dor, mas irá assegurar que a dor não só machuca. Isso lhe permitirá tirar proveito da estratégia de saída de Deus para você. Lembre-se de que, mesmo tendo morrido, Jesus ainda teve uma estratégia de saída: sua ressurreição.

Você é filho de Deus ou não? Deus lhe deu um claro propósito com um plano e todos os preparativos necessários feitos para você ter sucesso nesse plano? Sim! Portanto, não importa a dor que você sofra, apegue-se a quem Deus o criou para ser e confie que ele lhe mostrará como responder.

AJUDA ***Necessária***

Estima-se que em torno de 5% a 35% de crianças em idade escolar estão envolvidas, de alguma forma, em atos de agressividade e de violência na escola. Mais de 20% de crianças dizendo que foram hostilizadas por outros alunos.[10]

O pequeno Elisha já estava no *campus* HDD — Homem de Deus. Durante a época de Natal, pedia-se aos alunos que descrevessem como eles achavam que era Papai Noel. Um respondeu: "Ele é como Elisha." Em outra ocasião, pediram que as crianças respondessem à pergunta: "O que você pediria a Deus se estivesse frente a frente com ele?" Uma respondeu: "Eu teria de conversar com Elisha primeiro." Porém, nem todas estavam impressionadas com seu pequeno João Batista — sua identidade.

Algumas semanas antes de Elisha orar por seus amigos, durante outro recreio, ele passou por três conhecidos alunos da segunda série reunidos no pátio.

— O que foi? — ele perguntou.

— A gente vai começar o Clube dos Bacanas — respondeu um dos meninos.

— E você não vai participar — disse outro.

— É, você não é tão bacana assim — disse o terceiro.

No que dizia respeito a eles, Elisha não estava à altura do Clube dos Bacanas. No entanto, se ele estava ou não à altura do clube não era uma decisão que cabia a eles, mas sim a Elisha. Se essa situação dolorosa continuaria dolorosa não era uma decisão deles, mas de Elisha.

Elisha era uma vítima das brincadeiras infantis dos meninos ou um filho de Deus?

Quando Elisha foi rejeitado pelas crianças do Clube dos Bacanas, ele teve uma escolha a fazer.

No dia seguinte, na hora do almoço, ele gritou para que todos no pátio pudessem ouvi-lo. "Ei, pessoal! É hora do Clube da Bíblia se reunir e todos são bem-vindos."

Elisha ficou entusiasmado. Esse menino de sete anos iria pregar o evangelho neste pequeno *campus*.

No primeiro dia, somente seis crianças "participaram" do Clube da Bíblia. Contudo, algumas delas voltaram na próxima vez e trouxeram amigos. Então, dez crianças se sentaram no pátio da escola e ouviram a lição de Elisha.

Da próxima vez, trinta crianças vieram.

O grupo ficou tão grande que o funcionário da escola que cuida das crianças durante o recreio deixou Elisha tomar um megafone emprestado. Agora, toda semana, Elisha se senta à mesa do almoço enquanto cerca de trinta a cinquenta crianças ouvem seu estudo bíblico.

Deus está sempre convencido de que você pode encontrar a estratégia de saída que ele tem para você. Mas é preciso que você esteja disposto a procurá-la e agir de acordo com ela.

Deus promete nunca deixá-lo ser provado além daquilo que você pode suportar (1 Coríntios 10.13). Se você tomar a decisão de não deixar que a dor o redefina, a estratégia de saída de Deus estará diante de seus olhos.

Afinal de contas, Deus não cria uma rota de fuga que leva ao fracasso. Satanás já cuidou disso. Se você quiser se embriagar para fugir de seus problemas, por exemplo, essa é a opção dada pelo diabo.

E as opções do diabo levam a mais dor e autodestruição.

Foi depois de uma dessas reuniões do Clube da Bíblia que a servente do almoço perguntou quem queria que Elisha fizesse uma oração específica. Foi assim que essas sete crianças acabaram na fila e que Elisha acabou estendido no banco de trás do carro da mãe.

Se você está passando por uma situação dolorosa hoje, faça alguma coisa para definir quem você é: vítima ou vencedor.

Se você é um vencedor, Deus tem uma estratégia de saída para você, e tudo o que você precisa fazer é passar por ela.

FAÇA ALGUMA COISA

ATIVIDADES

Escolha uma situação dolorosa pela qual você esteja passando e faça esta pergunta para si mesmo: Como minha dor está tentando me redefinir? Compare esse rótulo com quem a Bíblia diz que os cristãos são, por exemplo, com membros do corpo de Cristo (1 Coríntios 12.13), sacerdócio santo (1 Pedro 2.9), irmãos e irmãs de Jesus (Marcos 3.35). Agora, com base em sua identidade bíblica, escreva qual será sua resposta à dor.

Querido Deus, sou teu filho. Por favor, mostra-me como um filho que confia em ti de todo o seu coração responderia à minha provação. Por favor, dá-me a direção de que preciso. Ajuda-me com minha resposta à dor e faz com que ela esteja de acordo com minha "identidade dada por Deus".

19

Doutor

Sua Oportunidade Dolorosa

Antes, santifiquem Cristo como Senhor em seu coração. Estejam sempre preparados para responder a qualquer pessoa que lhes pedir a razão da esperança que há em vocês. Contudo, façam isso com mansidão e respeito.

— 1 Pedro 3.15,16

O *linebacker* gritou "*34 cubra o 2 livre*", e todos nós dissemos: "Tempo!" Comecei a morder os lábios e a esfregar as mãos. Eu adorava essa defesa.

Com suas cores preto e prata, o Raiders, nosso principal rival, moveu-se para a *scrimmage* (linha de disputa). Gritamos: "Esquerda! Esquerda!", para sinalizar que o *tight end* deles estava alinhado à nossa esquerda. Uma vez que eles desfizeram o círculo e se alinharam, começamos a nos mover para trás e para a frente, gritando alto, mudando o jogo. Na verdade, o jogo poderia mudar duas ou três vezes antes de a bola ser apanhada. *Para o alto, para o alto, esquerda, veja o 2, Lucy!* Tínhamos quase trinta jogadas na defesa com nosso próprio vocabulário.

Como jogador de defesa, minha função era defender os passes no campo. Eu passava a maior parte do tempo no fundo do campo ou na metade dele à esquerda ou à direita. Uma das primeiras coisas que o zagueiro procurava era o lugar onde eu estava no campo. Uma vez que me localizava, ele começava a tentar descobrir que tipo de defesa estávamos fazendo e onde ele poderia arremessar a bola. Contudo, ainda era cedo. Muita coisa acontecia entre o momento em que o círculo de jogadores se desfazia e o final do jogo.

O pivô agarrou a bola. De imediato, eu me virei e fugi do armador para cobrir a metade do campo ao fundo. "*Cubra o 2 livre* " era uma cobertura disfarçada. Eu iria fazê-lo pensar que o meio estava completamente aberto. Certo de que o armador achava que eu estaria no fundo do campo à esquerda, abaixei-me e voltei correndo na direção dele para o meio, escondendo-me atrás dos atacantes de quase 140 quilos à frente. O plano era tentar levá-lo a cruzar o meio, bem onde eu planejava estar em alguns segundos, antes que ele pudesse piscar os olhos.

Então, *eis a surpresa!* Enquanto eu corria em direção ao zagueiro em minha área —no meio do campo a aproximadamente dez jardas (mais ou menos nove metros) da *scrimmage* — lá vem a bola, um pouco alta, mas bem na minha direção.

Ah, cara, é o *Monday Night Football* — meu primeiro grande evento como iniciante no San Diego Chargers —, jogadores de toda a Liga Nacional de Futebol (NFL), minha família e todos os "camaradas" estão assistindo em casa. Não havia nada entre mim e a zona final a não ser o verde.

Subi a uma altura que parecia ser de nove metros. A bola veio girando em minha direção. Eu já havia visto e pegado bolas assim mil vezes. Então, assim que a bola tocou na ponta de meus dedos, algo tão duro quanto uma pedra envolveu meu joelho. Em um salto acrobático, girei e caí.

....

Ao longo da estrada esburacada e cheia de pedras em Jerusalém, multidões aos gritos continuavam a se acotovelar enquanto formavam filas de ambos os lados. Algumas das pessoas amaldiçoavam Jesus. Outras choravam, sentiam em si mesmas a dor dos açoites que ele levava. Elas eram as que o amavam.

Curvado sob o peso da cruz, Jesus passou a maior parte dos oitocentos metros até o local de sua morte com o rosto voltado para o chão, onde pingavam seu sangue e sua saliva. A cruz batia em suas costas enquanto era arrastada pela estrada de pedras irregulares. A multidão bradava toda vez que o açoite de um soldado romano arrancava a pele das costas de Jesus.

Exausto, ele caiu.

Agarrando aleatoriamente um homem chamado Simão que estava na multidão, um soldado forçou-o a carregar a cruz enquanto Jesus se esforçava para ficar em pé.

Aqueles que o amavam gritavam por misericórdia, mas Jesus virou-se, principalmente para as mulheres, e proferiu palavras de encorajamento: "Filhas de Jerusalém, não chorem por mim" (Lucas 23.28).

Não chorem por mim, eram as palavras de Jesus. Estarei no céu em algumas horas. Este sangue e estas feridas podem parecer ruins agora, mas vão levar a uma bênção para vocês, se confiarem em mim. Todos vocês precisam estar cientes do juízo que há de vir, porque vai ser muito pior para vocês do que a dor é para mim.

"Missão cumprida" era o que esperava por ele no alto do monte. O que parecia ser agonia para a multidão era, na verdade, a volta da vitória. Jesus não queria choradeira. Estava plenamente convencido de que Deus lhe tinha dado força não só para vencer a dor, mas para ministrar em meio a ela.

O mais importante era que ele fosse obediente a tudo o que Deus o tinha chamado para fazer, mesmo em meio a seu sofrimento.

Seu propósito eterno de obedecer a Deus não dá descanso durante seu sofrimento.

Procure oportunidades para ministrar durante sua dor. A esperança expressa por alguém chorando é a mais poderosa. O consolo compartilhado por alguém que está pouco à vontade pode transformar mais a vida. É durante seu momento de sofrimento que, mais do que nunca, você clamará a Deus. É a alegria resultante desse clamor que é, de modo mais puro, de Deus.

Deus quer usar oportunidades diferentes para se expressar através de você em um momento em que você mais depende dele.

Da próxima vez que estiver sofrendo, sentindo dor, sendo perseguido, olhe ao redor e pergunte a Deus: "Tem alguém aqui que o Senhor quer que eu encoraje? Tem alguém para quem devo ser exemplo de um sofrimento digno?"

Esteja certo de que o consolo e o incentivo que Deus lhe dá estão destinados a você e à pessoa que ele põe em seu caminho. Ele quer que seu amor inunde sua vida para que transborde ao maior número de pessoas possível.

Mas isso só pode acontecer se você deixar de sentir pena de si mesmo e concentrar-se em abençoar outra pessoa.

....

Olhei nos olhos do médico do time. "Minha carreira acabou hoje, doutor. Você sabe que acabou, não sabe?"

Dr. Losse e eu saímos de Los Angeles no ônibus do time do Chargers, atravessando a Interestadual 5 depois de nosso jogo contra o Raiders.

Em minha cabeça, eu ainda podia ouvir os gritos dos noventa mil fãs do Raiders. Nossa defesa era uma das melhores da liga depois de três jogos, e o Coliseu de Los Angeles era um ótimo lugar para "fazer aquilo que a gente fazia bem". Como ex-jogador da terceira divisão, aquela era uma grande noite para mim. Um sonho que se torna realidade — o sonho que provaria que todos os meus críticos estavam errados.

Mas não foi do modo como sonhei que seria.

Estar sentado ao lado do médico do time tornou oficial a minha situação. Certamente eu era sua próxima cirurgia. Dr. Losse — por falar nisso, pronuncia-se *lou-si*, e não *lóssi* — já estava cuidando de seu paciente.

A martelada que acabou com minha intercepção e destruiu minha carreira no futebol foi simplesmente um arremesso do *linebacker* da minha equipe, com seus 1,93 metro e 108 quilos, correndo na direção errada.

Meu próprio companheiro de equipe arrebentou meu joelho.

Subi, virei e caí. Enquanto meus pés passavam sobre minha cabeça, pensei: Afinal, o que foi que me acertou?

Assim que parei, eu soube que a pancada havia estragado mais do que a intercepção. Parecia haver alguma coisa errada com meu joelho.

Tinha algo errado com a dor misturada à sensação de coisas dentro da minha perna. Tudo estava simplesmente errado.

Isto não está acontecendo. Isto não está acontecendo...

De imediato comecei a pensar em quanto tempo poderia voltar ao jogo. Mas, quanto mais tempo eu ficava deitado ali, por segundos que pareciam minutos, mais eu sabia o que viria em seguida: cirurgia, semanas fora da equipe, tudo pelo que me esforcei e o que consegui na lata do lixo.

O jogo continuou. Enquanto eu estava sentado sozinho no banco, os rapazes vinham até mim, um a um, e me davam tapinhas no ombro. No próximo jogo, um colega de equipe fez a jogada que pensei que faria, uma intercepção para um *touchdown. Aquela jogada era para ser minha.*

E foi assim que fui parar no ônibus, ao lado do médico, com dois quilos de gelo sobre a perna e uma faixa enrolada da metade da coxa até a metade da panturrilha, pensando no começo do fim.

Depois de vir para o Chargers como agente livre (sem contrato com a NFL), era como se eu tivesse uma chance de me estabelecer. Na verdade, substituí um veterano que estava no time havia dez anos, o qual voltou à sua posição quando me machuquei. Afinal, só consegui ir para a NFL pela graça de Deus. De acordo com a NFL, dos 8.500 jogadores convocados desde 1980, somente 378 eram da escola da segunda divisão. Isso corresponde a 4%. Deus deu-me o talento, a saúde e a oportunidade de me capacitar para jogar a partida.

Mas ele não me criou só para jogar futebol. Ele tinha outros planos.

Eu era bom nisso, em teoria. Meu problema com o rompimento do joelho era uma questão de tempo. Eu ainda não estava pronto para começar a transição.

Mas não havia nada que eu pudesse fazer a respeito. Isso também não tinha nada a ver comigo, mas com Deus. Reclamar não ia fazer meu joelho melhorar. Na verdade, iria retardar o processo de cura.

Era hora de colocar minha fé em prática. Todos sabiam que eu era cristão. Tenho certeza de que todos naquele ônibus estavam pensando: *E então, onde estava seu Deus hoje à noite? Ele não se saiu muito bem em se tratando deixar você em perfeita forma, não é?*

Mas Deus nunca prometeu me deixar em perfeita forma. Ele prometeu me abençoar com sua paz, se eu fosse obediente em todas as circunstâncias. Agora era hora de ser obediente e falar dele por meio de minha dor.

Assim, a pergunta mais importante era: como eu lidaria com isso? Eu reclamaria com Deus por arruinar a melhor noite de minha vida ou reconheceria a oportunidade que tive? O médico estava sentado perto da janela sem nada para fazer a não ser me ouvir. E eu, sem dúvida, não iria a lugar nenhum.

Bem, não sou nenhum santo, mas vi a oportunidade que minha dor me deu.

Por duas horas falei com o doutor sobre quanto Deus o amava. Contei-lhe sobre o que Deus havia feito em minha vida. Falei que nos últimos dois anos fui cortado do Los Angeles Rams, fiquei desempregado e sem a menor ideia do que aconteceria com minha vida. Então fui convidado a fazer um teste particular no Chargers, junto com outros dois jogadores que também foram cortados do Rams. Assinei contrato com o time, envolvi-me com as pessoas erradas e comecei a usar cocaína. O chefe da equipe de segurança sabia que eu estava me drogando e estava para me prender quando parei de usar drogas e comecei a frequentar a igreja. Deus sempre esteve ao meu lado durante todos os meus altos e baixos.

Aquele ferimento era só mais uma oportunidade de Deus para provar sua fidelidade. "Doutor, sei que este talvez seja o fim de minha oportunidade neste time." Ele fez um sim com a cabeça porque sabia como era a política de um time. "Mas, por causa de tudo o que Deus fez por mim ao longo dos anos, sei que ele continuará a cuidar de mim."

O doutor ouviu e concordou, embora não tenha tomado a decisão de seguir a Cristo naquela noite. Mas não tem problema. Minha responsabilidade era compartilhar com amor a esperança que eu tinha.

Fui incumbido de agir com obediência, mesmo em meio à minha dor, e foi o que fiz.

FAÇA ALGUMA COISA

ATIVIDADES

Vá ao hospital de sua cidade hoje e sente-se na sala de espera. Ore pelas pessoas que vir ali; tente encorajá-las de algum modo. Em seguida, ore para que, se você acabar ali com dor, Deus lhe dê força para ministrar na vida dos que estiverem à sua volta. Lembre-se de que algumas de nossas melhores oportunidades para curar os que estao à nossa volta acontecem quando estamos em uma posição vulnerável.

> *Querido Senhor, da próxima vez que eu estiver com dor, for objeto de escárnios ou me sentir frustrado, peço-te que me mostres para quem queres que eu seja um exemplo de sofrimento. Oro para que eu tenha maturidade para compartilhar a esperança de seu consolo mesmo quando eu ainda estiver ferido. E, por favor, dá-me força para ser um incentivo àqueles que estão tentando me incentivar.*

20

David

No Meio

Mas se vocês suportam o sofrimento por terem feito o bem, isso é louvável diante de Deus. Para isso vocês foram chamados, pois também Cristo sofreu no lugar de vocês, deixando-lhes exemplo, para que sigam os seus passos.

— 1 Pedro 2.20,21

"Desçam do telhado! Desçam do telhado!"

David ouviu o capitão gritando lá debaixo para ele e para seu recruta, Rio. Eles estavam no alto de uma casa de um milhão de dólares em chamas, em Hollywood Hills, abrindo buracos no telhado que serviriam como saídas de fogo e de fumaça. As luzes vermelhas acesas dos sete carros atravessavam a fumaça branca e iluminavam seus uniformes amarelos e suas máscaras de oxigênio.

O primeiro buraco estava dando vazão a uma boa quantidade de fogo, por isso David decidiu aumentá-lo. Enquanto isso, Rio desceu a uma parte inclinada do telhado para abrir um segundo buraco.

Então David ouviu o estalo de madeira lascando. Virando-se rapidamente, viu Rio cair para dentro do buraco quando uma bola de fogo explodiu para fora da abertura. No instante seguinte, a cabeça e os ombros de Rio apareceram de súbito no buraco do telhado enquanto as chamas ao seu redor aumentavam. David arrastou-se e mergulhou para agarrar Rio, mas o telhado sob seus pés desmoronou. Agora suas pernas pendiam entre as vigas do telhado em meio às chamas. Com a mão nas costas do casaco de Rio, David não sabia o que fazer.

"Socorro!"

Quando você sofrer em favor de outros no nome de Jesus, isso vai doer, mas saiba de uma coisa: essa dor, mais do que qualquer outra, faz com que você seja como Jesus.

Enquanto todos em torno da mesa estavam conversando e comendo, Jesus levantou um pedaço grande de pão sem fermento, e o salão no andar superior ficou em silêncio. Sobre a mesa estava a última refeição de Jesus com seus discípulos.

Os doze discípulos viram quando ele segurou o pão com as mãos e partiu-o em dois. Estendendo os braços, ele passou um pedaço para os que estavam à sua esquerda e o outro para os da direita. Aos poucos, cada discípulo partiu um pedaço pequeno.

"Isto é o meu corpo dado em favor de vocês", Jesus então disse. "Façam isto em memória de mim" (Lucas 22.19).

Jesus já havia lhes dito que iria sofrer e morrer. Agora ele estava mostrando e ensinando aos discípulos o significado de sua morte.

Os olhos de seus companheiros ficaram grudados nele enquanto, em silêncio, mastigavam o pão.

Então Jesus levantou um cálice de vinho, exibiu-o para os dois lados da mesa e bebeu dele. Em seguida, derramou metade do que restou em outras duas xícaras de cerâmica e passou-as para os dois lados da mesa.

"Este cálice é a nova aliança no meu sangue, derramado em favor de vocês", ele disse (v. 20).

A mensagem de Jesus para eles era simples: *meu corpo vai ser rasgado. Meu sangue será derramado. E estou fazendo isso por todo aquele que crer em mim.*

Olhando para a direita e para a esquerda, Jesus fez uma pausa. Os discípulos entenderam a mensagem?

"Façam isto em memória de mim", ele disse.

Jesus queria que se lembrassem do pão partido e do vinho toda vez que pensassem nele.

Sempre que mencionarem meu nome, pensem em minha carne rasgada, em meu sangue derramado.

Quando pensarem em mim, a primeira coisa que quero que venha à mente de vocês é a dor que suportei em favor daqueles a quem amo.

Terei morrido para que outros tenham a oportunidade de viver.

Quando você sofrer em favor de outros no nome de Jesus, isso vai doer, mas saiba de uma coisa: essa dor, mais do que qualquer outra, faz com que você seja como Jesus.

Jesus aceitou a dor em favor do mundo. Devemos fazer o mesmo.

Dois bombeiros subiram e lançaram-se em direção a David, agarrando seu braço livre e o tanque de oxigênio em suas costas. De onde estavam eles não conseguiam chegar a Rio. O fogo estava muito quente e intenso.

Os outros homens puxaram David enquanto ele continuava agarrado ao ombro do uniforme de Rio. Rio estava desaparecendo da vista deles, mas todos sabiam que sua roupa à prova de fogo não suportaria o calor de mais de quinhentos graus que o estava tragando. Através das chamas e da fumaça, David olhava fixamente para a parte de trás do capacete de Rio, orando para que o telhado aguentasse só por mais um minuto.

Mas, então, ele percebeu que tinha outro problema. Sua mão estava queimando. As chamas que subiam mais de um metro acima da cabeça de Rio também estavam cozinhando sua

AJUDA
Necessária

De acordo com a Administração de Incêndios dos Estados Unidos, 114 bombeiros morreram em serviço em 2008.[11]

mão. Ele poderia ter se justificado facilmente se tivesse soltado o companheiro, mas, com isso, Rio morreria.

David continuou a dizer para si mesmo: *Não solte! Ele vai morrer! Não solte!*

Na hora certa, um quinto bombeiro, vindo do outro lado, subiu ao telhado e arrancou Rio do buraco.

David e Rio sofreram queimaduras de segundo e terceiro graus nos braços, nas pernas e nos pés. Mas a queimadura mais significativa foi na mão que não se soltou do casaco de Rio.

Foi a mão que estava disposta a sofrer para salvar a vida de Rio.

A Bíblia diz: "Levem os fardos pesados uns dos outros e, assim, cumpram a lei de Cristo" (Gálatas 6.2). Isso não se aplica só quando tudo parece estar bem. Qualquer pessoa pode fazer isso. Somos mais parecidos com Jesus quando levamos o fardo de alguém de um modo que vai além do confortável e do conveniente, mesmo além do que é seguro.

A disposição de Jesus de se deixar ser espancado, humilhado, esbofeteado, açoitado e pregado na cruz em nosso favor deu-nos a oportunidade de evitar o castigo eterno que nossos pecados merecem. O sofrimento que Jesus suportou em nosso favor é a única razão pela qual temos a oportunidade de ter a vida eterna.

Se quisermos fazer algo como Jesus, devemos estar dispostos a sofrer em favor de outra pessoa, dando-lhe a oportunidade de evitar a dor desnecessária em sua vida. Haverá oportunidades de sacrificar seu tempo ou seu dinheiro para ajudar alguém a voltar a ficar em pé. Talvez você tenha de ir a uma parte perigosa da cidade ou precise ter uma conversa difícil para que alguém conheça o amor de Deus. Sair uma ou duas vezes de sua zona de conforto em favor de uma pessoa pode impedi-la de ter uma vida que seja fruto de más decisões.

A diferença entre alguém que está sendo salvo do fogo pode não depender só de sua capacidade de sofrer, mas de até que ponto você consegue sofrer em favor dessa pessoa.

Uma definição de paciência é longanimidade. Pode aparecer na forma de algo tão drástico quanto agarrar-se a alguém enquanto sua mão está queimando ou tão simples quanto sacrificar seu tempo diante da televisão para se sentar a noite toda e orar com um amigo com pensamentos suicidas.

Se estiver vivendo para evitar a dor, você, sem dúvida, irá limitar-se ao que faz no serviço a Deus. A diferença entre céu e inferno não é a sabedoria de Jesus nem seus milagres ou seu espírito manso. Sim, ele tinha tudo isso, mas o que realmente nos salva é a morte extraordinariamente dolorosa que ele sofreu em nosso favor.

Nunca ignore o impacto eterno que seu sofrimento pode ter na pessoa por quem você deixou sua zona de conforto.

FAÇA ALGUMA COISA

ATIVIDADES

Passe por alguma dor ou desconforto para ajudar alguém que está necessitado. Inscreva-se em uma corrida que beneficiará pessoas que estão sofrendo. Dê mais do que você normalmente dá à igreja ou a uma instituição de caridade que valha a pena. Saia de sua zona de conforto ao levar um sem-teto para comer. Ao fazer isso, ore por essas pessoas.

> *Querido Senhor, por favor, envia alguém ao meu caminho hoje cujo fardo eu possa ajudar a carregar. Por favor, revela-me meu egoísmo, a parte de mim que evita se identificar com a aflição de Jesus em favor de outras pessoas, e ajuda-me a vencê-lo.*

FAÇA Alguma Coisa! Mito 4

Tenho de esperar para fazer alguma coisa até
(1) Ter aprendido mais
(2) Ter crescido mais ou
(3) Ter Passado todo tipo de sofrimento

As Mentiras por Trás Desse Mito

- Deus não pode nos usar se não formos "plenamente" maduros nele.
- Fazer alguma coisa é somente o resultado do crescimento, não o mecanismo para o crescimento.
- Temos de ser perfeitos e "completos" para ser usados por Deus.

A Verdade

As oportunidades para ministrar que Deus nos tem preparado não só edificam seu reino, mas também servem para fazer-nos crescer nele. Fazer alguma coisa é um dos processos que Deus usa para amadurecer nossa fé e curar nossa condição caída e nossa dor.

Versículo bíblico

Leia Hebreus 12.11.

Algo para se lembrar

Fazer alguma coisa é seu objetivo ao longo de toda a sua vida de caminhada com Deus.
Não é o resultado do que você aprendeu com ele, mas do modo como aprendeu as lições.
Não há problema algum em cometer erros. Você não precisa ser perfeito. Você só precisa estar disponível e ser obediente.

Parte 5

Poder

A Capacidade de Fazer

Existem dois tipos de **poder** à sua disposição: o natural e o sobrenatural.
Você só poderá fazer as "obras ainda maiores" sobre as quais Jesus fala se usar o poder sobrenatural dele, que tem a capacidade de alcançar o mundo natural e suplantar qualquer coisa que o poder natural possa tentar fazer.

> Àquele que é capaz de fazer infinitamente mais do que tudo o que pedimos ou pensamos, de acordo com o seu poder que atua em nós.
>
> — Efésios 3.20

21

Jessica

A Força da Entrega

> E, sendo encontrado em forma humana, humilhou-se a si mesmo e foi obediente até a morte, e morte de cruz! Por isso Deus o exaltou à mais alta posição e lhe deu o nome que está acima de todo nome, para que ao nome de Jesus se dobre todo joelho, nos céus, na terra e debaixo da terra, e toda língua confesse que Jesus Cristo é o Senhor, para a glória de Deus Pai.
>
> — Filipenses 2.8–11

Enquanto a mão de Tom apertava-lhe a garganta, Jessica aguentou firme no chão os cinco piores minutos de sua vida, consciente e inconscientemente. Dando tapas no rosto de Jessica, rasgando-lhe as roupas, imobilizando-lhe a perna no tapete barato com o próprio joelho, seu ex-marido tentou arrancar-lhe o último vestígio de autoestima, para que pudesse se sentir poderoso.

"Não havia no mundo ninguém mais fraca do que eu", ela lembra. Durante anos ela viveu sob medo total, frustrada e sob o controle de um homem mau. Foi assim que ela se sentiu ao se encontrar com Tom naquele dia para o pagamento atrasado da pensão do filho.

Mas, naqueles terríveis minutos de luta contra seu agressor, tudo mudou para Jessica. Em meio à sua fraqueza, ela ficou forte. Ao se lembrar do estupro, ela agora percebe que ter ido cambaleando até seu carro e se dirigido à delegacia de polícia foi o começo de uma fase em que ela estava recuperando seu poder.

Jessica pode ter saído de casa coberta de sangue e hematomas, mas estava cheia de confiança. As coisas não são assim para todas as mulheres que passam por esse trauma. Contudo, Jessica percebeu que seu pior pesadelo não a destruiu. Seu maior medo não a venceu. Assim, não havia mais razão para ter medo.

"Naquele momento", ela diz ao se lembrar, "tomei uma decisão consciente de nunca mais passar por aquilo, e nem deixar meu filho passar. Eu disse para mim mesma que não era mais uma vítima. Eu me tornei uma sobrevivente."

Não há nada mais poderoso do que uma pessoa sem nada a perder e tudo a ganhar. A dor de Jessica transformou-se em poder.

As ações de Jesus na terra foram milagrosas, sobrenaturais e muitas vezes inexplicáveis. A pergunta é: Para começo de conversa, como ele conseguiu tanto poder? Somos chamados a levar uma vida sobrenatural também; como devemos usar o poder de Deus em nossa vida?

Defino *poder* como a capacidade de mover obstáculos, tanto físicos como imateriais. Quando os obstáculos são movidos, estamos livres para fazer aquilo que Deus nos chamou para fazer.

Uma vez que Deus preparou coisas espirituais, por natureza, para você fazer, os obstáculos mais importantes para mover são aquelas coisas que o impedem de cumprir o propósito de Deus em sua vida. Esses obstáculos podem ser movidos somente pelo poder espiritual.

Não se obtém poder espiritual do mesmo modo que o poder humano. O poder humano muitas vezes é obtido por força e à custa de outra pessoa. Tom "provou" sua força ao fazer algo terrível com Jessica, que ela não conseguiu impedir. Ao vencer a força dela, ele, em essência, estava obtendo essa força para si mesmo.

O poder sobrenatural de Deus, por outro lado, só pode vir de Deus e nunca é tirado dele. Ao se humilhar e se fazer homem, Jesus entregou sua divindade de forma voluntária, a qual se revestiu de forma humana.

Ele deixou de lado a glória celestial que tinha com o Pai desde antes da fundação do mundo. Deixou-se ser traído, espancado e, por fim, crucificado por pecadores. As multidões zombavam dele, pensando que estavam exercendo seu poder ao superar a divindade autoproclamada de Jesus. Desafiaram-no a descer da cruz para provar seu poder.

As pessoas mal perceberam que o ato de autoentrega de Jesus era seu modo de assegurar para si mesmo o nível mais alto de poder e de autoridade. Ele permitiu que líderes religiosos lhe dessem tapas no rosto, que Pilatos o julgasse e que os soldados romanos o pregassem na cruz. Por essa razão, seu nome foi exaltado acima de qualquer outro nome.

AJUDA
Necessária

A cada quatro minutos no Brasil, alguém é vítima de violência sexual.[2]

A Bíblia diz que a humildade precede a honra, e o orgulho, a queda. Foi em meio ao estupro que Jessica se tornou forte. A determinação recém-descoberta veio como resultado do que Tom lhe fez. Com ela veio a oportunidade que se transformou em poder.

Levaremos uma vida sem poder quando sentirmos a necessidade de humilhar os outros para nos exaltarmos. Somos duas vezes covardes quando acabamos com eles pelas costas, quando eles não podem se defender.

O poder de Deus vem quando você deixa de tentar tirar o poder dos outros e se permite recebê-lo de Deus.

Esse poder vem quando você entrega seus desejos e planos ao Deus todo-poderoso e amoroso e busca o que ele quer para sua vida.

O poder de Deus vem quando você consegue renunciar a seus interesses e começar a agir em nome, e não à custa, dos outros.

O processo de cura de Jessica é contínuo. A princípio, ela culpou Deus por não impedir sua tragédia. Mas ela também se lembra de pensar que, naquele dia, ela poderia facilmente ter morrido.

Seu ex-marido agora está cumprindo uma sentença de 29 anos na cadeia. Ela agora agradece a Deus, não somente por sua vida, mas por poder se sentar na varanda com um livro sem tentar adivinhar quem a está vigiando no carro do outro lado da rua. Ela é grata por poder ir ao mercado sem pular de susto toda vez que alguém anda atrás dela. Sua entrega a Deus ajudou-a a reordenar suas prioridades. Ela leva uma vida simples, focada nos planos de Deus, e não em seus próprios planos.

Um dos primeiros atos de poder que Jessica exerceu foi criar uma apresentação em PowerPoint para adolescentes que sofrem abuso ou talvez sejam vulneráveis a ele. Ela também começou um ministério voltado para vítimas de violência doméstica na Rock Church.

Jessica transformou o consolo que recebeu no consolo que poderia dar. Transformou as lições dolorosas que aprendeu em lições que ensinou. Jovens meninas contaram-lhe que estão vivendo o mesmo pesadelo de Jessica; ajudá-las deu à vida de Jessica um propósito poderoso.

Então, pare de tentar tirar o poder das pessoas e comece a recebê-lo de Deus. Faça alguma coisa no sentido de entregar sua vontade a ele de acordo com as condições dele.

FAÇA ALGUMA COISA

ATIVIDADES

Identifique um exemplo em que você tirou o poder de outra pessoa ao destruí-la. Pode ser uma fofoca ou uma calúnia, impedindo-a efetivamente de ser abençoada, de modo que você recebeu o mérito por fazer algo quando não deveria, e assim por diante.

> *Querido Senhor, por favor, revela-me de que modo estou tentando tirar o poder de outra pessoa. Como estou tentando fazer com que eu me sinta forte à custa da humilhação de outra pessoa? Por favor, Deus, capacita-me hoje para que eu me humilhe diante de ti e confie que me abençoarás com todo o poder de que preciso se tão-somente eu obedecer a ti.*

22

Miles

A Impressão Digital de Deus

Não sei se ele é pecador ou não. Uma coisa sei: eu era cego e agora vejo!

— João 9.25

O suor descia e molhava minha camiseta e meu *short*. Meu coração batia frenético em meu peito, como se eu estivesse no auge da malhação. Mas não era o caso.

Eu estava em minha sala, tentando dormir depois de outra noite de cocaína. Sono e cocaína? Acho que não.

A sala escura parecia um forno. Um raio fino de luz do sol atravessou a persiana fechada e bateu em meu rosto. Meus olhos secos foram forçados a se abrir. Minha visão embaçada estava escura no canto dos olhos, com exceção de riscos minúsculos de brilho, como faíscas na sujeira. Meus músculos doíam. Tentei levantar os braços, mas estavam grudados ao meu peito.

Contudo, meu coração estava disparado. Um colega da Liga Nacional de Futebol havia morrido recentemente de uma parada cardíaca provocada por cocaína. Eu estava com medo, mas cansado também. Cansado mesmo. *Por favor, deixe-me dormir.* Não aguentava mais as paredes beges e vazias para as quais fiquei olhando a noite toda. Não aguentava mais o cheiro sufocante de móvel novo de minha estante cor de creme. Não aguentava mais as mentiras que eu vivia. Não aguentava mais o lado negro de minha vida.

Como pude chegar tão perto de deixar a estupidez me matar?

Jogo futebol profissional. Tenho 24 anos de idade. Estou vivendo um sonho. Qual é o meu problema?

Comprei um pacotinho branco de cocaína do tamanho de uma caixa de fósforos para aguentar a noite enquanto estudava para o curso de anatomia que estava fazendo na Universidade Estadual de San Diego fora do período de temporadas. Mas será que minha vida realmente era o que eu queria que fosse? Eu estava preso a um esquema feio de consumo de cocaína.

Agora eram cinco da manhã. Eu havia acabado de estudar e estava totalmente desperto, sozinho e pensando em minha vida.

Cinco anos se passaram desde que encontrei os *hippies* naquela loja de conveniência, em Nova York. Seus cabelos e barba longos nunca saíram de minha cabeça. Nem a lembrança do tema de nossa conversa, especificamente o compromisso que fiz com Jesus. Um compromisso que não cumpri.

A imagem de Jesus em pé no quarto da mãe de minha namorada também era viva em minha memória meia década depois.

Criei tanto drama em minha vida desde então, frequentando baladas, ficando chapado, usando garotas, indo a bocas de fumo e colocando o futebol acima de Deus. Os *hippies* estavam certos? Jesus ainda me amava ou havia desistido de mim?

Ali estava eu, entre meu segundo e, se Deus quisesse, meu terceiro ano na NFL. Teoricamente, Deus não poderia ter deixado minha vida melhor. Eu era jogador de futebol profissional. Era solteiro. Ficava drogado sempre que queria. Estava na balada sempre que tinha vontade.

Durante a temporada, eu jogava futebol seis dias por semana, ia aos treinos cinco dias por semana, tinha reuniões pela manhã, via filmes e estudava o próximo adversário. Em seguida, almoçava com o time, depois fazia exercícios e treinava por duas horas. Então, chegava o dia do jogo. Luzes, câmeras e ação! O dia seguinte tinha só doze horas, que incluíam assistir ao vídeo do jogo e fazer exercícios leves, e depois era nosso dia de folga. Entrava semana e saía semana, as coisas eram assim.

Tudo isso parecia bom. Mas a verdade era que eu estava vivendo a vida de um tolo. Eu enganava meus treinadores, a mídia, minha namorada e minha família. No entanto, o mais triste dessa história é que eu enganava a mim mesmo ao pensar que minha vida estava dando certo. Eu me enganava ao pensar que estava, de fato, me divertindo.

Uma coisa é ficar desanimado quando tudo em sua vida está desmoronando. Mas como você explica estar infeliz quando sonhos realizados não o satisfazem? Para onde você corre então?

Se continuar a fazer o que estou fazendo, pensei naquela triste manhã de abril, onde vou acabar?

Depois de ficar deitado naquele sofá a noite toda, resolvi dar um basta em tudo.

É preciso chegar um momento na vida em que você se dispõe a entregar completamente tudo a Deus.

Enquanto passava com seus discípulos por um grupo de mendigos na estrada, Jesus viu um homem que era cego de nascença.

Jesus agachou-se, cuspiu no chão e começou a fazer lama com sua saliva. O homem podia ser cego, mas seus ouvidos funcionavam bem. “Alguém, por favor, vai me dizer o que ele está fazendo?”, ele gritou.

Todos pensavam: *Você não vai querer saber*, mas ninguém disse nada. Jesus esfregou a lama e a saliva entre as mãos, pôs a lama sobre os olhos do cego e disse-lhe para ir lavar o rosto no tanque de Siloé. A água do tanque era de uma fonte subterrânea que fluía para a cidade. Era considerada pura e com poderes de cura.

“Leve-me ao tanque!”, o homem pediu a seu amigo, segurando-lhe a mão. Ao perceber que estava descendo os degraus em direção à água, ele se curvou para molhar e esfregar o rosto a fim de tirar a lama. Então, tirou a cabeça da água. Olhou para o amigo, olhou para outros doentes na água, olhou para o sol e começou a gritar. Pela primeira vez na vida ele podia enxergar.

Os vizinhos do cego imediatamente levaram-no aos fariseus, os líderes religiosos que se ressentiam de Jesus. Em toda oportunidade que esses líderes religiosos tinham, eles tentavam difamar Jesus. Mas, daquela vez, o que diriam sobre um cego que recebeu visão? Como poderiam negar esse fato?

Quando o cego explicou que Jesus fez lama com sua saliva e o curou, a única resposta dos líderes foi: Hoje não era dia da semana para curar alguém. E, já que foi o dia errado, Jesus não deve ser de Deus. "Esse homem não é de Deus, pois não guarda o sábado" (João 9.16).

É claro que Deus só trabalha em determinados dias, certo? Não! Aqueles homens não podiam curar um cego, qualquer que fosse o dia da semana.

Contudo, a única coisa que não puderam negar foi o que o ex-cego disse: "Não sei se ele é pecador ou não. Uma coisa sei: eu era cego e agora vejo!" (João 9.25).

Quando os *hippies* ficaram frente a frente comigo, lembro-me de sentir Jesus naquela loja. Cerca de uma semana depois, o Senhor apareceu para mim enquanto eu estava deitado na cama da mãe de minha namorada.

Cinco anos se passaram desde então. Durante aquela meia hora ou algo assim em que fiquei sentado no banheiro na boca de fumo, olhando para "o cozinheiro", eu soube que Jesus estava me tocando para amá-lo.

Jesus ficou me chamando durante anos, pedindo-me para dar-lhe uma oportunidade sincera de mudar minha vida.

Finalmente, entendi. Em 12 de abril de 1984, por volta das cinco da manhã, não aguentei mais.

Eu disse a Deus que não iria mais lutar contra ele. Eu era dele. Naquela manhã, tomei a decisão de obedecer a Deus com minha vida. Deitado no sofá naquele dia, chegou a hora de me entregar e continuar nas mãos de Deus.

Aquele foi o último dia em que me droguei, fiquei bêbado e blasfemei. Minha namorada e eu reatamos o namoro e juramos não ter relações sexuais até a noite de nosso casamento, que aconteceu cinco meses depois.

Nada mais de clubes noturnos, nada mais de sair com amigos do tipo "somos pecadores profissionais" que me arrastavam para o buraco. Comecei a frequentar o grupo de estudo bíblico e a sair com alguns casais do grupo.

Naquele dia reconheci plenamente meu compromisso com Deus. Eu estava pronto para andar com ele.

Você pode apontar um milagre realizado por Deus em sua vida que indiscutivelmente é prova do poder dele?

Você pode dizer de alguma maneira: *Eu era cego e agora vejo?*

Nada vai confirmar mais o poder de Deus do que a manifestação desse poder em sua vida e através dela. Quando Jesus foi acusado de expulsar demônios pelo poder do diabo, ele disse: "Mas se é pelo dedo de Deus que eu expulso demônios, então chegou a vocês o Reino de Deus" (Lucas 11.20).

Eu era viciado e agora não uso mais drogas. Eu era nervoso, promíscuo, atacava violentamente a Deus, e agora estou livre.

O que Deus fez por você que nem mesmo um pouquinho de sua força de vontade pode levar o crédito?

O que Deus fez por você que nem mesmo um pouquinho de disciplina pode alegar que foi ela que fez?

Não me entenda mal. Disciplina e força de vontade são necessárias, porém não são suficientes. Afinal, ao compartilhar o amor de Deus, você está alegando que ele tem o poder de transformar sua vida de dentro para fora.

AJUDA
Necessária

Estima-se que 10 milhões de brasileiros são viciados em álcool ou em outras substâncias.[13]

Se você não conheceu esse poder, em que se baseiam suas afirmações?

Há pessoas que dizem conhecer a Deus, mas falta evidência na vida delas do poder de Deus. Elas têm uma forma de religiosidade, mas negam seu poder (2 Timóteo 3.2-5).

Lembre-se de que Deus está neste negócio de transformar vidas. Ele está procurando pessoas que estejam dispostas a mudar e até desesperadas por uma mudança. Dei um basta ao que as drogas estavam fazendo comigo. Eu estava cansado de andar por aí, de desperdiçar meu dinheiro e de viver uma mentira. Há alguma área de sua vida da qual você esteja farto?

Seja honesto com Deus nesse sentido.

Diga-lhe que você precisa de seu poder e peça-lhe para pôr uma mudança em seu caminho. O poder de Deus pode vir na forma de uma disposição para receber conselhos, de uma decisão de apagar números de telefone ou de um desejo de orar mais. No entanto, saiba disto: você vai precisar fazer algo, provavelmente mais de uma vez. Isso muito provavelmente levará tempo. E você vai precisar fazer o que ele lhe pedir.

Quer você perceba ou não, Deus já operou de forma sobrenatural em sua vida. Se você relembrar os momentos mais desesperados de sua vida, provavelmente foi Deus quem o ajudou a superá-los. De outra forma, quais são as melhores oportunidades que fazem Deus merecer o crédito?

Essas são provas de que Deus foi fiel em sua vida e de que ele continuará a ser fiel em seu futuro.

Em vez de se concentrar nos obstáculos que você sempre terá pela frente, procure provas do poder de Deus.

FAÇA ALGUMA COISA

ATIVIDADES

Escreva um testemunho de sessenta segundos com o tema "Eu era cego e agora vejo", contando sua própria história. Como você conheceu o poder de Deus em sua vida?

Querido Jesus, quero experimentar uma dose dupla do teu poder em minha vida, não pelo meu próprio favor, mas pelo teu favor. Quero ser radicalmente transformado na pessoa que queres que eu seja. Revela-me uma área que mais precisa de seu poder transformador e dá-me coragem para entregá-la a ti. Por favor, mostra-me teu poder nessa área de modo que até teus críticos te deem crédito.

23

Tamela

Retribua o Favor

> Bendito seja o Deus e Pai de nosso Senhor Jesus Cristo, Pai das misericórdias e Deus de toda consolação, que nos consola em todas as nossas tribulações.
>
> — 2 Coríntios 1.3,4

— Ele se foi! Eu acho que se foi! Querido! Querido!

Tamela pulou para fora do chuveiro e ficou pingando no chão do banheiro, com os olhos fixos em seu esterno. Desceu as escadas correndo em direção à cozinha, onde seu marido, Major, estava preparando o café da manhã. Ele levantou os olhos, surpreso.

— Tam?

— Estou curada! Estou curada! — ela gritou, dançando em volta de Major, sem se preocupar com o fato de estar sem nenhuma peça de roupa. — Veja! O nódulo se foi! Ligue para o médico!

Major examinou o peito de Tamela. Sim, o tumor do tamanho de uma laranja entre seus seios havia desaparecido. Em seu lugar havia um osso protuberante.

— Eu acho que sim, Tam. Desapareceu.

Lembranças inundaram a mente de Tamela enquanto Major foi pegar uma manta no sofá para enrolar a mulher.

Tamela era uma daquelas supermães. Tinha dois mestrados, um em Administração Organizacional e outro em Administração de Empresas. Havia acabado de alugar uma cozinha comercial para seu serviço de bufê tradicional para negros. E ainda dava aulas em casa para a filha de cinco anos.

Fazia um ano que ela havia descoberto um nódulo sólido no peito, no início de sua última gravidez. O nódulo não doía, e seu médico disse que iria examiná-lo uma vez por mês. Mas, assim que sua segunda filha nasceu, ele pediu exames.

Ela se lembrou de entrar nos consultórios bege e verde-claro com a mãe para saber os resultados. Queria saber por que uma das portas dizia *Infusão/Quimio* e por que a área da recepção estava cheia de pessoas carecas e com aparência de doentes.

Quando o Dr. Redfern, um loiro alto de olhos azuis com cara de menino, deu a notícia, ela disse que "era como ser atingida por um trem, mas ainda estar em pé".

O Dr. Redfern explicou que Tamela tinha uma forma de leucemia chamada mieloma múltiplo, um câncer das células plasmáticas. Ela também tinha lesões na espinha e no crânio. Por razões desconhecidas, o mieloma é uma das dez principais causas de morte por câncer entre afro-americanas. Tamela é negra.

Sua primeira reação foi dizer: "Vou morrer", e ela pensou no marido, na filha de cinco anos e na recém-nascida. O Dr. Redfern disse que as pessoas morrem todos os dias dessa forma de câncer, mas disse que, no caso dela, ele tinha "esperança".

Tamela imediatamente iniciou o tratamento. Ela primeiro teve de diminuir o tamanho do tumor com uma mistura tóxica de comprimidos de talidomida e de dexametasona.

Isso aconteceu antes mesmo de eles começarem a combater o câncer. Toda manhã, no chuveiro, ela orava pela cura. Era o que estava fazendo, seis semanas depois, quando sua mão ensaboada esfregou o esterno e percebeu que o nódulo havia sumido. Ela imediatamente marcou outra consulta com o Dr. Redfern.

No consultório do, Tamela sorria de uma orelha à outra com a filhinha no colo, ansiosa para voltar a amamentar a menina e recomeçar seu serviço de bufê. Sua mãe e Major estavam sentados ao seu lado.

— Estou curada, doutor! — disse Tamela. — Foi como orei. Estou curada...

Dr. Redfern reconheceu que a pequena saliência no esterno de Tamela parecia ser só um osso. Os exames que ele pediu não mostraram nenhum sinal de câncer no corpo de Tamela. As palavras que ele disse em seguida partiram o coração da mulher.

— Talvez — ele disse. — Mas este é um tipo agressivo de câncer, e ele pode voltar. Você deve fazer todo o tratamento.

Depois de terminar sua última ceia com seus discípulos, Jesus enrolou uma toalha na cintura. Ajoelhando-se com uma bacia de água diante deles, ele começou a lavar os pés dos discípulos e a enxugá-los com a toalha enrolada na cintura.

Quando ele se aproximou de Pedro, ele resistiu. Jesus insistiu — ele queria que Pedro não só o deixasse lavar seus pés, mas, o mais importante, aprendesse a lição que o ato de lavar os pés tinha o objetivo de ensinar. Depois de terminar, Jesus perguntou-lhes se eles haviam entendido o que ele fez.

"Pois bem, se eu, sendo Senhor e Mestre de vocês, lavei-lhes os pés, vocês também devem lavar os pés uns dos outros. Eu lhes dei o exemplo, para que vocês façam como lhes fiz" (João 13.14,15).

Jesus deu a seus discípulos, e a cada um de nós, um exemplo para nossa vida. Precisamos servir uns aos outros com humildade. Servir alguém significa oferecer algo mais. Podemos só oferecer ou dar aquilo que recebemos de Deus — e uma das dádivas mais preciosas que recebemos é o consolo de Deus em momentos de dor.

Por um ano, Tamela, seu corpo e sua família passaram pelo inferno.

Tubos estreitos que vinham de um "dispositivo" permanente colocado sob sua pele saíam de seu peito, o que permitia aos médicos lhe ministrarem a quimio e retirarem sangue sem injetar uma agulha. Ela sofreu uma infecção séria quando seu corpo rejeitou o dispositivo. Sua filha e seu marido rasparam sua cabeça muitas vezes para antecipar o visual com a quimio.

Tamela, uma mulher cheia de energia, teve náuseas na maior parte do tempo e sentiu-se muito cansada. Teve de tomar altas doses de analgésicos. Conhecida por sua independência, ela teve de se humilhar e deixar que as pessoas cuidassem dela. Ela não podia dirigir. Major tinha de sair em momentos importantes do trabalho para ajudar, mas não podia estar por perto o tempo todo. Eles se esforçaram para conseguir alguém que ficasse com a bebê e a filha de cinco anos enquanto Tamela ia às consultas diariamente. Eles precisavam de alguém para ajudar a preparar as refeições, ensinar a filha, limpar a casa, ir ao mercado e administrar os remédios.

Ela precisava ir ao hospital para fazer mais sessões de quimio. Um dia, ela passava mal e vomitava; em outro, estava fraca; no dia seguinte, não conseguia sair da cama.

Enquanto Tamela se preparava para seus dois transplantes de medula óssea, Major tinha de aplicar-lhe duas injeções por dia, cada uma delas a levava às lágrimas. Os transplantes levariam de catorze a vinte e quatro dias, e tinham de ser feitos com seis meses de diferença um do outro.

O que piorava as coisas era que Tamela acreditava que estava curada. Não havia nenhum sinal de câncer em nenhuma parte de seu corpo.

"Deus", ela pediu, "me diz como passar por isso. Tenho duas filhas. Não quero morrer. Por favor, Deus, me diz o que fazer. Preciso te ouvir falar comigo. O que faço?"

Ela sabia que a oração mudava as coisas. Assim, começou a orar. A princípio parecia um monólogo. Quanto mais Tamela sofria, mais ela clamava a Deus e mais próxima a ele ficava.

"Percebi depois de clamar a Deus durante dias que eu tinha uma escolha a fazer. Eu poderia entrar em desespero e deixar que esse sentimento assumisse o controle de tudo ou eu poderia ouvir o que o Criador do mundo tinha a dizer sobre minha situação específica. Ainda que esta seja minha hora de morrer, eu te louvo", ela disse.

Para Tamela, uma das maneiras mais poderosas pelas quais ele a confortou foi por meio das Escrituras. Ela carregava consigo para todos os lugares versículos bíblicos em cartões, examinando-os do modo como fez durante seu mestrado em Administração de Empresas. Ela cria e imprime os cartões, agora chamados "Receitas de Cura", e os está compartilhando entre outros pacientes com câncer.

Deus estava ajudando Tamela a passar pela experiência mais dolorosa de sua vida, e então a ficha caiu! Essa foi a lição de Tamela. Deus lhe estava revelando aquilo pelo que as pessoas passam quando têm câncer.

Imediatamente Tamela começou a pensar em "lavar os pés" de outros pacientes com câncer. Em vez de começar seu bufê, ela decidiu investir suas habilidades organizacionais para iniciar um ministério a fim de servir aos pacientes com câncer. Assim que começou a recuperar suas forças, ela pôs mãos à obra para dar início ao ministério.

O apóstolo Paulo diz em 2 Coríntios 1.3,4: "Bendito seja o Deus e Pai de nosso Senhor Jesus Cristo, Pai das misericórdias e Deus de toda consolação, que nos consola em todas as nossas tribulações."

Só podemos dar aquilo que nos foi dado.

Se você não sabe o que pode fazer por alguém, comece identificando o modo como Deus o confortou. Depois, retribua esse favor à outra pessoa. Você tem poder para fazer isso.

Uma vez que conseguir identificar a obra constante de Deus em sua vida, peça-lhe para enviar alguém que esteja passando pelo mesmo problema ou lutando contra o mesmo pecado e que possa se beneficiar com o que você aprendeu.

AJUDA
Necessária

Segundo o Instituto Nacional de Câncer – INCA – em 2009 houve quase meio milhão de novos casos de câncer no Brasil.[14]

Agora você tem um ministério.

O ministério de Tamela de combate ao câncer na Rock Church reúne no momento voluntários de hospitais locais para oferecer supervisão aos filhos, preparar refeições para a família dos pacientes, administrar medicamentos, levá-los à terapia, limpar suas casas, prover ensino aos seus filhos e realizar pequenas tarefas.

De quem são os pés que você está lavando?

FAÇA ALGUMA COISA

ATIVIDADES

Encontre alguém que esteja passando por uma provação pela qual você já passou. Pode haver alguém em sua vida que acabou de perder o emprego. Deus já levou você a passar por isso? Alguém está sofrendo por uma morte na família. Você talvez já tenha passado por isso. Se Deus permitiu que você passasse por um divórcio, certamente há alguém a quem você, agora preparado, pode ministrar. Você pode até impedir um divórcio. As possibilidades são infinitas.

Querido Deus, obrigado por me fazeres passar pelas provações de minha vida. Obrigado por teu consolo misericordioso em minha vida. Oro para que me mostres como posso retribuir teu favor a alguém, lavando os pés de uma pessoa em minha vida que esteja necessitada. Envia alguém a mim a quem eu possa consolar com o consolo que me deste.

24

Theresa

Ajudando outros a ajudarem outros

> Portanto, eu lhe digo, os muitos pecados dela lhe foram perdoados; pois ela amou muito. Mas aquele a quem pouco foi perdoado, pouco ama.
>
> — Lucas 7.47

"Theresa, o que você está fazendo a si mesma?"

Theresa quase deixou o telefone cair quando ouviu a voz de seu pai. Ela estava sozinha em um quarto de hotel, em Los Angeles, e esperava uma ligação de seu próximo "cliente", não de seu pai.

Fazia anos que eles não se falavam, e ela havia chegado ao fundo do poço. Estava completamente sozinha, farta de seu estilo de vida como garota de programa e ansiosa por se ver livre.

Quando começou a dançar em clubes aos 22 anos de idade, ela só queria ganhar algum dinheiro rápido. Era mãe solteira e precisava pagar a creche do filho. Começou apenas fazendo *striptease*, mas isso a levou a trabalhar como acompanhante de homens. A motivação em cada fase não era sexo, nem atenção, nem poder, nem drogas, nem álcool, embora todas essas coisas tenham contribuído para prendê-la nesse trabalho. Era o dinheiro: o Corvette, as roupas de grife, a escola particular de seu filho. Ela ganhava trinta mil por mês em sessões privadas como garota de programa de Vegas, e era difícil abrir mão disso.

Theresa entregou sua vida a Jesus Cristo aos vinte anos. Contudo, aquela decisão de fé não foi completa e não a impediu de trabalhar na indústria do sexo. Contudo, ela sabia que, enquanto sua conta bancária estava cheia, seu coração estava vazio.

Agora, sentada em uma cama de hotel, ela estava com o pai ao telefone oferecendo-lhe uma oportunidade de amor para que ela saísse daquela vida. Com o incentivo do pai, Theresa saiu da indústria do sexo e começou uma vida nova.

Alguns meses depois, ela se surpreendeu com uma história na CNN sobre uma ex-atriz pornô que havia começado um ministério para alcançar outras mulheres da "profissão mais antiga do mundo". Era como se Theresa tivesse sido atingida por um raio. "Eu soube naquele momento que aquele era meu chamado", ela disse.

Theresa começou o grupo das Meninas de Jesus Cristo, em San Diego, por meio da Rock Church, e seus voluntários vão a clubes de *striptease* para desenvolver relacionamentos com as mulheres ali, cuidando para que cada uma delas saiba que Deus não só as ama, mas também lhes dá uma saída. Quase todas as *strippers* no Condado de San Diego receberam uma Bíblia cor-de-rosa das Meninas de Jesus Cristo.

Para Theresa, no entanto, há muito mais. Ela está oferecendo às mulheres o que recebeu: a oportunidade de transformar a experiência que tiveram em um ministério para outras.

Sentado em uma das pedras em volta do poço, Jesus observou uma mulher samaritana que parecia cansada vindo em sua direção com um jarro (João 4).

O conflito histórico entre judeus e samaritanos e os limites que a tradição religiosa impôs ao contato público de um rabino com uma mulher tornavam inconcebível uma conversa entre os dois. Ou pelo menos era assim que a mulher pensava.

Quando ela desceu seu cântaro para tirar água do poço, Jesus pediu-lhe um pouco para beber. Surpresa, ela disse (estou parafraseando):

— Você está me pedindo água? Você sabe que meu povo não fala com o seu.

Sem reconhecer o drama cultural, Jesus respondeu:

— E se eu lhe der da água viva?

Olhando lá para baixo do poço fundo e depois para Jesus "sem cântaro", a mulher perguntou:

— Como vai tirar esse tipo de água de lá?

Apontando para o próprio coração, Jesus respondeu:

— A água viva de que estou falando, minha irmã, virá de dentro.

Ela quis dessa água.

— Antes de bebermos — Jesus respondeu, apontando para a cidade da mulher — volte e traga seu marido.

Ela olhou para o chão. — Não tenho marido.

Jesus disse: Eu sei, mas você teve cinco no passado.

A mulher soube de imediato que Jesus era algum tipo de profeta. Colocando o cântaro no chão, ela voltou correndo para a cidade e comentou com os homens de lá sobre seu encontro com aquele estranho. Muitos foram até Jesus e creram nele. Os que creram levaram Jesus de volta à cidade, e um número ainda maior de pessoas creu nele.

"Eu estava morta de medo."

Mindy, uma amiga de Theresa, olhou para as quatro adolescentes de criação com quem chegou a conversar. Elas estavam largadas nos dois sofás velhos.

"Todas as dançarinas tinham o corpo perfeito, sabe...", disse Mindy, uma morena pequena de vinte e quatro anos, enquanto se encostava na televisão de tela grande no lugar onde moravam, usando um *jeans* rasgado e uma camiseta de basquete. "Meu peito, sabe, é todo natural, e eu tinha medo de não ganhar nenhum dinheiro, o que significava que eu não era bonita o bastante. Uma das meninas disse que se eu fizesse cinquenta dólares naquela primeira noite, isso seria um bom sinal. Acabei a noite com quinhentos dólares."

Mindy fez uma pausa e deu uma olhada para as duas adolescentes de quinze anos no sofá, que pareciam tensas. Uma estava mordendo os lábios. Então, Mindy olhou para as duas adolescentes de dezessete anos, que já eram prostitutas. Uma delas andava de um lado para o outro com o salto de dez centímetros dos sapatos que imitavam pele de leopardo. A outra trançava uma mecha de cabelo e ficava olhando para o teto.

"Eu me senti atraente e poderosa nos primeiros seis meses."

Mindy e outras duas mulheres chegaram ao lar de crianças para conversar com os adolescentes sobre a realidade da indústria do entretenimento para adultos. Depois de sair da Marinha e precisando de dinheiro, Mindy passou três anos difíceis fazendo *striptease* em um clube.

"Então um cara ficou um pouco agressivo e, quando eu não quis fazer o que ele queria, ele disse: 'Você não passa de uma vagabunda [#@&!]!' Foi quando comecei a perceber que precisava sair desse ramo."

Veronica e Sheila levantaram-se antes que as duas adolescentes mais velhas pudessem pensar em uma desculpa para sair.

Veronica e Sheila eram mãe e filha. Veronica, uma mulher de quarenta e quatro anos, foi prostituta, garota de programa, acompanhante e gerente de bordel por quase trinta anos.

"Eu estava na rua aos doze anos e comecei a trabalhar aos dezesseis. Mergulhei de cabeça no trabalho, nas drogas e no álcool. Conheci meu cafetão quando tinha dezoito anos e trabalhei para ele por sete anos. Abri um prostíbulo no estado do Alasca aos dezenove anos. Tive duas filhas com ele", Veronica olhou para Sheila e sorriu.

"Mas, como ele não era mesmo meu marido, eu precisava de um amor de verdade, e comecei a receber esse amor de outro homem. Quando meu cafetão descobriu, ele me bateu com os utensílios da lareira. A única coisa que me salvou foi pular por uma porta de vidro. Fiquei coberta de sangue. Dois homens estavam mexendo no carro do lado de fora, pedi que ligassem para o resgate e desmaiei."

Ela sobreviveu e continuou a trabalhar no ramo por mais dois anos.

Era a vez de Sheila.

"Eu *meio que* nasci no negócio. Comecei quando era adolescente também. Não imaginei que poderia bancar a faculdade, e minha mãe era doente, então..."

Sheila disse às meninas que trabalhou como acompanhante por cinco anos. Ironicamente, seu cafetão era um amigo de infância a quem conheceu quando ambos tinham dez anos de idade e que disse a ela para não entrar no ramo.

Mindy, Veronica e Sheila se viram nas quatro meninas de criação que as ouviam. Viram pelo que passaram antes e sentiram o coração partido porque não queriam que aquelas jovens também passassem. Conversar com as adolescentes foi uma oportunidade de as ex-mulheres do ramo do entretenimento para adultos transformarem o inferno delas em ajuda.

Elas estavam ali por causa do ministério de Theresa.

O ministério não é necessariamente uma organização formal, mas uma resposta ao encontro que você teve com Deus: a resposta bondosa de Deus à sua condição de ser humano caído, aos seus cinco maridos, ao seu consumo de drogas, às suas mentiras, aos seus enganos e roubos.

Se você realmente presta atenção no modo como Deus interagiu com sua condição caída e pode compartilhar essa experiência, conectando-se à condição caída de outra pessoa, você tem um ministério.

Se você puder ajudar essa pessoa a conectar o encontro dela com Deus à condição caída de outro, você lhe deu um ministério.

Cada uma dessas mulheres estava naquele lar de crianças por causa do ministério de Theresa. De quem é o ministério que você está ajudando a começar?

AJUDA
Necessária

Segundo pesquisa da Faculdade de Ciências Humanas da Fundação Mineira de Educação e Cultura de Belo Horizonte estima que exista 1,1 milhão de mulheres prostituídas no país.[15]

FAÇA ALGUMA COISA

ATIVIDADES

Jesus disse que devíamos fazer discípulos, ensinando a homens e mulheres fiéis as coisas que ouvimos para que eles possam dizer a outros (Mateus 28.18-20; 2 Timóteo 2.2). Você pode começar ao convidar um amigo para uma atividade ministerial na qual você esteja envolvido. Você pode tentar identificar o foco do ministério ao perguntar-lhe que tipo de ajuda ele recebeu de Deus. Esse seria um tema sobre o qual ele poderia falar primeiro. Identifique uma pessoa a quem você possa ajudar a descobrir um ministério e preencha os espaços em branco a seguir.

Querido Senhor, por favor, dá a oportunidade ministerial perfeita para ______________. Dá-me sabedoria para ajudar essa pessoa a identificar quem queres que ela incentive. Por favor, prepara o coração dela para receber essa oportunidade e para usá-la a fim de cultivar em si mesma um coração disposto a servir. Senhor, por favor, também prepara ______________ que oferece(m) ajuda.

25

Noemi

Medidas Extraordinárias

Essa espécie só sai pela oração e pelo jejum.
— Marcos 9.29

Noemi empurrou a fita para dentro do videocassete e voltou a se acomodar no sofá ao lado de seu irmãozinho Marcus. Ela estava recebendo a visita de duas amigas da faculdade e dos pais delas, e todos estavam ansiosos para assistir ao filme favorito de Noemi, *Indiana Jones e os caçadores da arca perdida.* Marcus apagou as luzes e estendeu a mão para pegar pipoca na tigela.

A televisão ganhou vida. Mas, em vez de Indiana Jones na tela, apareceram três pessoas completamente nuas tendo relações sexuais. Todos na sala ficaram paralisados enquanto Noemi deu um pulo para apertar o botão de ejetar a fita.

"Pai! Como você pôde fazer isso!?"

Noemi encolheu-se de constrangimento. Ouviu Marcus fazer uma piada nervosa. Os outros esconderam o choque com comentários engraçados. Noemi queria abrir um buraco no chão e morrer.

Noemi desenvolveu-se cedo na adolescência. Durante todo o ensino fundamental, mexeram com ela e atormentaram-na por causa de seu corpo exuberante. Além disso, seu relacionamento com o pai, Richard, foi distante durante todos esses anos. Ela nunca se sentiu valorizada por ele que, por sua vez, nunca conversou com ela sobre como um homem deveria tratar uma mulher.

O que piorava as coisas era que Richard era pastor. Ser desrespeitada na escola era uma coisa. Mas não receber a atenção do próprio pai que era pastor deixava Noemi convencida de que algo devia estar errado com ela.

Ela se voltou contra si mesma. Aos dezessete anos, Noemi ganhou 45 quilos em um ano. Com 1,65 metro, ela passou duas décadas pesando quase 140 quilos.

Então as divergências de opinião com o pai ficaram ainda piores quando ela descobriu o grande segredo dele.

Quatro anos antes do espetáculo com a fita no videocassete, Noemi surpreendeu o pai quando ele estava fechando um pacote de canais pornôs com a provedora de TV a cabo. Naquele momento, ficou claro para ela que durante todo o tempo o pai amou mais seu vício em pornografia do que a própria filha. Isso fez com que o ódio que ela sentia por si mesma aumentasse.

Quando ela o confrontou, ele negou o problema. Foi também o que aconteceu depois do fiasco com a fita de vídeo. Marcus e seu irmão mais velho bateram de frente com o pai. Ele negou outras vezes e as coisas voltaram ao "normal".

Normal? A vida secreta de Richard destruiu seu relacionamento com aquela menina, sem falar que acabou com o respeito de seu filho por ele. Levou-o a enganar sua esposa e a perder seu ministério como pastor, embora ele tivesse escondido a verdadeira razão disso.

Agora, com seus quase quarenta anos, Noemi estava morando com os pais enquanto procurava trabalho, mesmo sem abraçar o pai nem dizer que o amava havia quase vinte anos.

Uma noite ela se sentiu incomodada a dar uma olhada nele. Teve uma inquietante sensação de que poderia encontrá-lo muito doente ou até morto.

Não. Seu pai foi correndo para o computador dela para baixar imagens repulsivas. Noemi ficou tão chateada que jurou não falar mais com ele até que ele procurasse ajuda ou se desculpasse com ela. Ela se mudou novamente, e eles não se falaram por mais de um ano e meio.

Noemi sentiu-se acuada e precisava de uma guinada na vida. Ela sabia que não conseguiria fazer isso sozinha. Precisava do poder de Deus. Então, decidiu fazer um jejum de quarenta dias, ingerindo somente sucos e sopas.

No começo, ela orou: "Senhor, ajuda-me com meu pai. Mostra-me o que fazer."

Cercados por líderes religiosos que lhes apontavam o dedo, os discípulos estavam desprestigiados.

Rolando no chão no meio de uma multidão dramática estava um menino endemoninhado a quem os discípulos não conseguiram libertar.

Os líderes religiosos tinham a prova de que precisavam. Jesus e seus discípulos eram uma fraude. Se Jesus realmente tinha o poder de Deus, por que seus discípulos não conseguiram libertar o menino? Eles não eram nem um pouco diferentes de nenhum outro falso líder religioso.

De repente, a multidão virou-se para receber Jesus enquanto ele andava no meio dela. Jesus perguntou aos líderes religiosos o que estava acontecendo. Antes que eles pudessem responder, o pai do menino se queixou dizendo que os discípulos de Jesus não conseguiram ajudar seu filho endemoninhado. Frustrado, Jesus pediu ao pai que trouxesse o filho até ele.

Jesus olhou para os discípulos, para os líderes religiosos e para o pai do menino e fez-lhes uma simples pergunta.

"Há quanto tempo ele está assim?" (Marcos 9.21).

"Desde a infância", respondeu o homem perturbado. "Muitas vezes esse espírito o tem lançado no fogo e na água para matá-lo. Mas, se podes fazer alguma coisa, tem compaixão de nós e ajuda-nos" (Marcos 9.21,22).

A multidão aumentou na expectativa de que Jesus estivesse se preparando para fazer algum milagre, e com razão.

Ele libertou o menino com estas palavras: "Espírito mudo e surdo, eu ordeno que o deixe e nunca mais entre nele" (Marcos 9.25).

Quem sabe quanto tempo os discípulos passaram orando, jogando água no menino, pulando em volta dele, abanando as mãos — e coisas do tipo. Mas lhes faltou o poder necessário para libertar o menino.

Jesus só teve de dizer uma frase. Por quê?

Quando os discípulos ficaram sozinhos com Jesus na casa, eles lhe perguntaram:

— Por que não conseguimos expulsar o demônio?

Jesus respondeu:

— Essa espécie só pode sair por meio da oração e do jejum.

Há vezes em nossa vida, circunstâncias especiais, em que precisamos mais do poder de Deus do que em outras. O incidente com o menino e Jesus ilustra que o poder especial é fruto de entrega pessoal.

A maior entrega consiste em negar-se a si mesmo aquilo que mantém o vivo: comida. Além disso, o grau de sua entrega também terá um impacto sobre a quantidade de poder que você receberá. A Bíblia diz que quando você é fraco, aí é que você é forte, porque nossa fraqueza incentiva uma dependência mais profunda de Deus.

Moisés, Elias e o próprio Jesus jejuaram por quarenta dias antes de cumprirem grandes missões espirituais.

Quanto mais você se nega, mais fraco se torna e mais poder poderá receber. Quanto mais tempo você se nega, mais tempo Deus tem para formar e moldar seu coração.

Noemi queria lidar com a bagagem em sua vida por meio do poder de Deus. Ela decidiu participar de uma campanha de oração e de jejum de quarenta dias que a Rock Church estava realizando.

(Não estou dizendo que todos devem fazer um jejum de quarenta dias ou de algum número específico de dias como se isso fosse uma fórmula mágica. Se você decidir jejuar, seria bom fazer isso sob a supervisão de um médico. Mas, quanto mais tempo você puder se separar e se submeter somente a Deus, mais ele poderá moldar seu coração de forma profunda. Se você quer que Deus realize coisas grandes *através de* você, ele primeiro precisa fazer algo grande *em* você. A melhor maneira para que isso comece a acontecer é deixarmos de lado coisas das quais somos humanamente dependentes.)

Pense no que Noemi estava tentando superar. Trinta e nove anos de um relacionamento que não funcionava, uma terrível autoimagem, seu pai sufocado por décadas de pornografia. O poder necessário para vencer um vício sexual e consertar um relacionamento rompido entre pai e filha não viria com uma oração de cinco minutos na hora de dormir. A situação em que Noemi se encontrava exigia que ela estivesse em uma longa e intensa batalha espiritual.

AJUDA
Necessária

Quase metade (47%) das famílias norte-americanas dizem que a pornografia é um dos problemas em casa.[16]

Sem saber o que esperar de Deus, Noemi fielmente seguiu seu regime. Em trinta dias de jejum, ela perdeu quase dezesseis quilos. Contudo, ela ainda esperava que uma prova do poder de Deus causasse um impacto em seu íntimo e em seu relacionamento com o pai.

Então algo aconteceu. Noemi é uma professora do ensino médio que se preocupa muito com seus alunos. Um dia ela se viu na posição de "árbitra" em uma briga familiar entre uma garota de dezesseis anos e os pais. Enquanto os observava gritar uns com os outros, Noemi viu que a mãe não sabia se desculpar e que a adolescente não sabia perdoar a mãe.

Deus abriu seus olhos e ela viu seu pai, um homem que não sabia dizer que sentia muito. Ela se viu como a filha que precisava perdoar. Ligou para o pai e, em uma hora, ele estava à porta de sua casa.

"Pai, quero que você saiba que preciso ouvir você dizer que sente muito. Eu o perdoo por tudo o que você fez para mim e por tudo o que aconteceu. Eu amo você."

Com isso, Richard pôs a cabeça entre as mãos e chorou. Em meio ao choro, ele disse: "Obrigado. Obrigado. Eu estava orando para que Deus me desse um sinal de que ele ainda me ouve. Sinto muito, Noemi. Não imagino o mal que causei, mas reconheço que o causei."

Em meio às suas lágrimas de arrependimento, Richard continuou a dizer: *Tenho minha filha de volta.* Durante os noventa minutos seguintes, eles se abraçaram, choraram e disseram que se amavam mais do que durante a vida toda.

A oração é um ato de entrega. Significa depender de um Deus que você acredita ser superior a você. Quanto mais profunda e regular for sua oração, mais você obterá o poder de Deus. "A oração de um justo é poderosa e eficaz" (Tiago 5.16).

O poder que Noemi recebeu em seu jejum de quarenta dias não só a libertou fisicamente, mas espiritualmente também.

Noemi estava acorrentada não só por seu peso, mas por uma percepção negativa da pessoa que ela é. Ela está chegando aos 65 quilos e se preparando para uma maratona. "Não sou quem eu era. Estou livre", ela diz.

Ela agora pode abraçar e beijar o pai, e ele é sincero com relação a seu problema.

Deus quer suscitar uma virada espiritual em sua vida também. Ele tem uma obra poderosa que deseja fazer em seu coração.

Entregue-se a ele hoje. Não precisa ser necessariamente durante quarenta dias de jejum. Pergunte a ele como fazer isso. Ele o guiará.

FAÇA ALGUMA COISA

ATIVIDADES

Identifique um problema sério em sua vida que possa se beneficiar com uma dose extra do poder de Deus. Pode ser uma necessidade financeira, um problema de relacionamento, um problema de saúde ou uma decisão profissional. Seja o que for, há um componente espiritual. Dedique um período de tempo específico ao jejum e à oração para que o poder vença aquilo que o impede de ser o que Deus o chamou para ser.

> *Querido Deus, por favor, dá-me coragem para me entregar a ti além de minha zona de conforto. Por favor, guia-me ao sacrifício exato que queres que eu faça e ao espaço de tempo em que queres que eu o faça. Senhor, quando eu fizer isso, por favor, dá-me uma prova clara de teu poder para que eu possa saber que ouviste minha oração.*

FAÇA Alguma Coisa! Mito 5

Preciso ser um super-homem/ uma super-mulher se estiver fazendo algo por meio do poder de Deus.

As Mentiras por Trás Desse Mito

- O poder de Deus sempre se manifesta de várias formas visíveis e mensuráveis.
- Todos devem ser "consertados" ou "ajudados" de imediato. Cabe a você fazer tudo isso.
- É para ser o melhor ou o maior que Deus lhe dá seu poder.

As Verdades

- Ainda que o poder de Deus se manifeste de várias formas visíveis, há momentos em que sua maior obra é realizada no coração das pessoas.
- Nesta vida, nunca veremos tudo o que Deus faz.

Versículo bíblico

Afinal de contas, quem é Apolo? Quem é Paulo? Apenas servos por meio dos quais vocês vieram a crer, conforme o ministério que o Senhor atribuiu a cada um. Eu plantei, Apolo regou, mas Deus é quem fez crescer.

— 1 Coríntios 3.5,6

Algo para se lembrar

Somos chamados a fazer alguma coisa, mas não TODAS as coisas. No final, é Deus quem produz mudança a seu modo e a seu tempo. Nossa responsabilidade é simplesmente jogar em nossa posição no time e obedecer pela fé.

Parte 6

Paixão

Nunca Desista

Durante a última semana de vida de Jesus, a Semana da Paixão, ele foi física, emocional, mental e até espiritualmente atormentado mais do que durante toda a sua vida. Contudo, sua paixão não lhe deixou desistir de sua missão. Ele foi traído por um de seus discípulos, negado por outro e falsamente acusado por líderes religiosos. Ele até se sentiu abandonado por seu próprio Pai, mas nunca desistiu.

> Jesus respondeu: "Ninguém que põe a mão no arado e olha para trás é apto para o Reino de Deus."
>
> — Lucas 9.62

26

Cody

Preparação: Confiando em seu Treinamento

Quando vocês forem levados às sinagogas e diante dos governantes e das autoridades, não se preocupem com a forma pela qual se defenderão, ou com o que dirão, pois naquela hora o Espírito Santo lhes ensinará o que deverão dizer.

— Lucas 12.11,12

"Esta é a rua errada! Saiam agora mesmo! É uma emboscada!", veio urgente a voz distorcida pelo rádio portátil para os homens no Mercedes.

Cody pisou fundo nos freios, jogando os quatro passageiros do carro para a frente.

O homem que segurava uma espingarda praguejou. "Cody! O que está acontecendo?"

Ele e seus colegas de equipe das Forças Especiais da Marinha dos Estados Unidos (SEAL, sigla em inglês), à paisana, seguiram o primeiro veículo até uma rotatória. Eles faziam parte de um comboio que conduzia uma operação de vigilância e reconhecimento (ISR, sigla em inglês) em Mosul, uma cidade pouco iluminada no norte do Iraque. Tinham como missão examinar informações sobre áreas de conflito do inimigo e decidir se suas pequenas equipes de ataque se arriscariam ou pediriam uma unidade maior. Três jipes militares com equipamento de combate de emergência e assistência médica vinham na retaguarda. Guiado pelo GPS, o primeiro veículo entrou na segunda rua à direita saindo da rotatória. Cody dobrou na primeira, seguindo em direção à emboscada.

Os faróis dianteiros de seu Mercedes iluminaram uma barreira rudimentar de blocos de cimento, sustentada dos dois lados, que ia de um lado ao outro da estrada.

Cody olhou no espelho retrovisor. Só havia o carro preto com vidros tingidos em que eles estavam.

Foi quando ouviram o rádio com interferência.

Cody logo percebeu que tinha apenas alguns segundos para tomar uma decisão. Algo estava se mexendo no beco sem saída escuro. Eles eram alvos fáceis.

Sombras afastadas dos blocos de cimento começaram a aparecer em movimento nas trincheiras de ambos os lados da estrada.

Bum! Bang! Bum! Bang! Explosões de luz vindas dos fuzis AK-47 do inimigo atravessavam a luz fraca enquanto as balas rompiam a barreira de som e passavam voando por eles.

Um passageiro no banco de trás gritou: "Saia daqui!"

Abaixando-se sob o volante, Cody engatou marcha à ré e pisou fundo no acelerador, mantendo os olhos no retrovisor lateral.

A vida dos homens não estava totalmente nas mãos do treinamento de Cody.

. . . .

Dezenas de escribas, anciãos e sacerdotes com túnicas bordadas e cobertas de franjas e turbantes altos estufavam o peito para gritar nas câmaras do sumo sacerdote. Eles gritavam e empurravam-se para se aproximar de Jesus com o intuito de bater nele, que permanecia parado, em silêncio. Gotas de sangue cobriam sua testa enquanto ele estava diante de dezenas de líderes religiosos enfurecidos.

Durante os três anos do ministério de Jesus, os líderes judeus tentaram caluniá-lo. Toda vez que tentavam pegá-lo em uma mentira, ele acabava fazendo-os parecer idiotas. Agora, no meio da noite, eles tinham Jesus em seu próprio território. Ele parecia não ter força, e os líderes religiosos começaram a enchê-lo de perguntas, esperando e atentando para qualquer sinal que indicasse uma afirmação do tipo "EU SOU Deus".

Se Jesus dissesse qualquer coisa que se aproximasse de afirmar ser Filho de Deus, eles certamente reagiriam com violência contra ele.

O sumo sacerdote fez um sinal com a mão para silenciar a multidão. Era esse o momento que eles estavam esperando. Ele ficou frente a frente com Jesus e fez uma pergunta muito simples e direta: "Você é o Cristo, o Filho do Deus bendito?"

Jesus olhou para o ódio nos olhos de seus críticos em todos os cantos do Sinédrio e depois olhou novamente para o sumo sacerdote. "Sou", disse Jesus. "E vereis o Filho do homem assentado à direita do Poderoso vindo com as nuvens do céu" (Marcos 14.61,62).

Ah, sim, eles reagiram com violência e...

Deixe-me dizer por quê.

A resposta de Jesus foi uma ofensa dupla aos líderes religiosos. Primeiro, ele se identificou com o Deus que falou com Moisés da sarça ardente ao se identificar como "EU SOU".

Segundo, ele declarou ser aquele que, segundo a profecia do Antigo Testamento, iria julgar o mundo e assentar-se no trono de juízo eterno (Daniel 7.13). Jesus lhes estava dizendo: "Vocês podem me julgar agora, neste tribunal terreno, mas eu serei seu juiz eterno."

Não! Ele não disse isso!, eles pensaram.

....

"Vá! Vá! Vá!"

Bum! Bum! Bum! Bang! Bang! Balas passavam voando pelo carro e caíam na estrada. A mente

AJUDA
Necessária

Quase um em cinco, ou cerca de trezentos mil, soldados que serviram no Iraque ou no Afeganistão têm síndrome de estresse pós-traumático ou um transtorno depressivo maior.[17]

de Cody estava a mil. Estratégia! Não era hora de improvisar. Fracasso era sinônimo de morte — para quatro homens e para ele mesmo.

Como parte de sua preparação para fazer parte do SEAL, Cody passou meses no BUD/S (Demolição Subaquática Básica/SEAL), treinando diariamente em guerrilhas, com armas de fogo e em suas habilidades de sobrevivência. Graças a Deus, dirigir em situações de emergência fazia parte daquele treinamento avançado.

Durante os treinos, os instrutores armaram uma emboscada para a equipe de Cody com simulações de disparos, dispositivos usados para lançar granadas, gás lacrimogênio e simuladores de canhões. O objetivo era criar o pior caos possível para forçar os aspirantes a SEAL a se concentrarem somente nas informações necessárias para cumprir a missão.

Cody concentrou-se.

O Mercedes estava carregando milhares de cilindros com munição para metralhadoras, dispositivos para lançar granadas, suprimentos médicos, equipamentos de navegação e sistemas de comunicação, além de cinco homens. Cody sabia que o carro estava sobrecarregado demais para fazer manobras rápidas por causa da capacidade do motor a diesel.

Tenho que virar esse carro sem movimentos bruscos e sem transformar meus companheiros em alvos fáceis.

Se Cody tentasse virar o carro muito rápido, ele capotaria facilmente. Quando um carro está em marcha à ré, o peso é empurrado para os pneus dianteiros, os quais (se o carro virar muito rapidamente) podem fazê-lo rodar sobre um dos lados.

Cody precisava voltar de ré na rua o mais rápido possível, depois redistribuir o peso do veículo, tirando o da frente do carro, e girar o volante 180 graus enquanto estivesse pisando na embreagem e passando para a primeira marcha. E ele precisava fazer isso naquele momento.

Bum! Bang! As balas estavam voando.

Em um único movimento, Cody pisou na embreagem, jogou o peso para os pneus traseiros, girou o volante e virou o carro. Ele mudou de curso, tirou o pé da embreagem, saiu da rua em disparada com o Mercedes e virou a esquina. Eles estavam fora da linha de fogo.

— É! Você conseguiu, cara! — Todos no carro estavam gritando.

— É isso aí, cara! Eles não podem pegar a gente agora!

O rádio chiou. — Estão todos bem? Alguém atingido, comandante? — perguntou a voz brusca.

— Todos estão bem — respondeu Cody, impressionado.

— Bem, ao que parece você foi bem treinado para voltar para casa. Agora se mexa e volte logo para o comboio!

Os treinadores de Cody sabiam que ele enfrentaria uma emergência e que precisava estar preparado, para seu próprio bem e para o bem daqueles por quem ele era responsável.

Sua situação de emergência está por vir também. De que treinamento você dependerá quando isso acontecer? Você confiará em Deus? Ou vai começar a blasfemar? A berrar? A gritar? A morrer de preocupação?

Que manual você está seguindo para a emergência de sua vida? A Palavra de Deus apresenta a você e a mim, de antemão, as diretrizes para o modo como vamos lidar com as situações mais difíceis. Deus está sempre preparado, e nossas circunstâncias nunca o pegam desprevenido.

Você terá a tendência natural de enfrentá-las com coragem. Contudo, ter uma reação repentina muitas vezes é o que nos coloca em problemas. Reações impulsivas são úteis se estiverem baseadas na preparação adequada dada por Deus. "Ao homem pertencem os planos do coração, mas do Senhor vem a resposta da língua" (Provérbios 16.1).

É nossa responsabilidade preparar-nos e permanecer preparados, estudar a Bíblia, o manual de Deus para a vida, e orar e adorar a Deus regularmente. Mas não somente isso. Devemos estar prontos para depender dessa preparação, permitindo que Deus nos direcione em meio àquele momento de crise. Deus deu-nos as ferramentas necessárias com o objetivo de preparar-nos para lidar com nossos momentos difíceis, não de modo natural, mas sobrenatural.

A paixão dependerá somente dos preparos de Deus. Se você quiser fazer algo de valor eterno quando esse momento chegar, será porque confiou de forma apaixonada na preparação que Deus lhe deu em sua vida.

FAÇA ALGUMA COISA

ATIVIDADES

Identifique uma área de fraqueza em seu caráter que muito provavelmente levará à desobediência quando os momentos ficarem difíceis. Tem a ver com a área em sua vida que precisa de uma preparação melhor para o drama inesperado que, com certeza, virá. Talvez seja temperamento (Salmos 4.4); ansiedade (Filipenses 4.6-8); orgulho (Provérbios 29.23); impaciência (Salmos 46.10); falta de autocontrole (Provérbios 3.5,6); raiva (Provérbios 15.1); não aceitar conselhos (Provérbios 15.22); ser rápido demais para falar (Provérbios 18.13); preocupar-se (Mateus 6.31-33); usar palavras desagradáveis (Efésios 4.29). Memorize o versículo apropriado como uma ferramenta para ajudá-lo a agir corretamente quando tudo à sua volta estiver desmoronando.

Querido Deus, dá-me a paixão para fazer o que é preciso a fim de me preparar para qualquer emergência que esteja por vir. Prepara meu coração para aprender e confiar em tua Palavra, principalmente durante aquele momento de crise que, sem dúvida, irá me pegar desprevenido. Dá-me disciplina não só para me preparar de modo a agir corretamente, mas para colocar essa preparação em prática até eu não poder agir errado.

27

Major Carl

Propósito: Amando o que é difícil

Pai, perdoa-lhes, pois não sabem o que estão fazendo.
— Lucas 23.34

Felix pavoneava-se pela West 47th Street, em Manhattan, exibindo seu *jeans* novo a caminho do trabalho no Theatre 315 do Exército da Salvação. Na verdade, era o prédio da igreja do Exército da Salvação, construído para alcançar a comunidade de teatro. De vez em quando eles realizavam eventos especiais da comunidade. Como ajudante de palco, Felix pendurava luzes, montava e desmontava cenários, organizava os assentos e fazia tudo o que era necessário ser feito.

Felix era um rapaz hispânico com 1,67 metro de altura, um sorriso feliz no rosto e uma personalidade calorosa e apaixonada. "E aí, Felix?", alguém falou quando ele entrou no prédio. "Hei, Felix", gritou outro ajudante de palco.

Fazia três anos que o major Carl, chefe de Felix e pastor da igreja de 120 assentos, conheceu-o no centro de reabilitação de adultos (CRA). Felix estava se recuperando de vícios com álcool e cocaína. Como um dos capelães do CRA, major Carl realizava estudos bíblicos para os que estavam em reabilitação, os quais muitas vezes levavam a um relacionamento constante com muitos dos participantes do programa.

O major Carl viu o que era bom, o que era ruim e o que era feio em Felix, mas, hoje, Felix estava investindo duro no trabalho do dia e ganharia 250 dólares.

Assim que o major Carl passou pelo saguão, Felix foi correndo atrás dele, pôs o braço em seu ombro e, durante um longo abraço, disse:

— Quero agradecer ao senhor por tudo o que tem feito por mim, irmão.

— Por nada, rapaz — disse Carl, inclinando-se para trás para ver Felix por inteiro.

Felix olhou para cima com um sorriso de manhã de Natal e disse:

— Hei, ouça, sei que o pagamento sai na semana que vem, mas o senhor pode me dar um adiantamento? Preciso comprar bilhetes para o metrô e comida para meus quatro filhos.

O major Carl pensou: *Ele não acabou de comprar bilhetes para uma semana de metrô há dois dias? Será que ele os vendeu? Trocou por drogas? Quem sabe?*

Mesmo assim, ele deu o dinheiro a Felix. Afinal, era um adiantamento do dinheiro que ele havia ganhado.

Algumas semanas depois, a "mãe dos filhos" de Felix, Lucille, apareceu na igreja no dia do pagamento de Felix. Ela veio com o atual namorado, os quatro filhos de Felix e um olhar no rosto que dizia "tenha pena de mim ou vou fazer um drama aqui".

Lucille estava ali para arrancar dinheiro de Felix. Carl tinha dado a Felix quatro brinquedos embrulhados para entregar a seus filhos, assim, enquanto a "chantagem" estava acontecendo, Felix perguntou às crianças se elas haviam gostado dos presentes de Natal que ele lhes deu. Ele não recebeu nada além de olhares vagos. Algo aconteceu entre a igreja e a árvore de Natal.

Felix alegou que a mãe deles, "viciada em *crack*", vendeu os presentes. Lucille, por sua vez, disse que Felix nunca levou os brinquedos para casa. Carl fez um esforço para se lembrar de sempre dar, daquele momento em diante, os presentes às crianças.

Não muito tempo depois do incidente, Felix telefonou para Carl pedindo um lugar para ficar. Ele havia acabado de ser despejado de seu apartamento. Ironicamente, a ligação veio só dois dias depois de

Felix sair do teatro com um salário mais do que suficiente para pagar o aluguel. Ele passou dois dias fumando seu "aluguel" em um cachimbo de *crack*.

O major Carl deixou-o ficar nas instalações do Exército da Salvação até que ele pudesse se reerguer.

AJUDA
Necessária

Mais de 10,5 milhões de crianças nos Estados Unidos estão vivendo com um pai e/ou uma mãe viciados em drogas.[18]

....

Colocando a mão cheia de pão dentro da tigela, Jesus examinou os olhos de um discípulo a quem, em três segundos, daria o pão e diria: "O que você está para fazer, faça depressa" (João 13.27).

Mas como seriam longos aqueles três segundos!

Uma vez que Judas estava sentado à mesa com seus colegas discípulos, sua culpa não o deixou olhar para Jesus por muito tempo.

Com os olhos movendo-se de um lado para o outro, ele estava sendo condenado pelo amor do Senhor. Naqueles três segundos, Jesus teve algumas lembranças de seu relacionamento com ele.

Por três anos eu lhe ensinei sobre o reino de Deus. Você me viu exercer poder sobre doenças, demônios e sobre a morte.

Você sabe quanto sofri pelas pessoas feridas a quem ministrei. Acabamos de fazer nossa última ceia juntos, na qual expliquei a dor pela qual passarei quando for entregue aos líderes religiosos que vão me torturar e matar.

Acabei de lavar seus pés, ensinando-o a ser um servo. Coloquei-o em lugar de honra, ao meu lado, para que pudesse compartilhar esta refeição com você na esperança de amá-lo, independentemente do mal que você me fará.

Jesus amou Judas ao longo dos três anos em que estiveram juntos, sabendo que ele iria traí-lo. Agora eles estavam sentados frente a frente, com o diabo instigando a famosa traição de Judas.

Os três segundos se passaram. Jesus disse: "Vá em frente e faça o que você precisa fazer."

....

"Major Carl, Felix está ao telefone", disse sua secretaria.

Enquanto andava para atender o telefone, ele pensou: *No que foi que ele se meteu agora?*

O major Carl nunca teve a certeza de que Felix cumpriria suas promessas ou gastaria seu dinheiro naquilo que ele disse que precisava. Na verdade, Carl percebeu que não sabia a extensão da confusão em que Felix sempre estava metido.

Então, por que continuar a ajudá-lo? Por que Carl investiu sete anos em um rapaz como Felix, que muitas vezes mostrou que seu objetivo era destruir a própria vida?

"Major Carl, estou preso. Preciso de ajuda."

Felix concordou com um esquema que Lucille e o namorado dela montaram. O namorado seria o cafetão e atrairia homens ao apartamento para fazer uma "festa" com Lucille. Uma vez dentro do apartamento, Felix e o namorado bateriam no sujeito, roubariam o dinheiro dele e o chutariam para fora do apartamento.

Os três foram presos por agressão. Os quatro filhos de Felix, que estavam no quarto no momento em que isso aconteceu, agora estão em um orfanato.

Sentado na cadeira sem ter a quem recorrer, Felix tinha o direito de fazer uma ligação. O major Carl foi a primeira pessoa em quem ele pensou.

Havia somente uma pessoa em sua vida que estaria ao seu lado, houvesse o que houvesse: o major Carl.

Às vezes, Deus irá confiar a você uma "criança problemática" para receber seu amor. Alguém que exigirá mais atenção do que a maioria. Uma pessoa que provará a extensão de sua paixão para amar aqueles que não vão fazer nada a não ser se aproveitar de você.

Quando Jesus disse a seus discípulos que um deles iria traí-lo, ele também disse que a traição estava predita e era necessária. Mas isso, de modo algum, justificava as ações de Judas. Jesus estava dizendo: "O mal virá, mas que não seja por meio de você que ele venha."

Com a mesma facilidade com que podemos ser feridos por alguém, Deus pode usar essa ferida para cultivar uma profunda saúde espiritual em nossa vida. A paixão irá manter-nos fiéis ao nosso propósito de seguir a Jesus, mesmo diante de nossos inimigos.

Ainda que seus inimigos estejam à sua volta, se Deus estiver com você, não importa o que eles vão fazer contra ou para você. Eles não podem impedir os propósitos de Deus em sua vida, desde que você permaneça obediente.

Existe alguém em sua vida que é difícil de amar? Alguém que parece estar determinado a irritá-lo, desrespeitá-lo ou perturbá-lo?

Felix está fora da prisão agora, mas está foragido. A polícia está atrás dele por outro motivo. O major Carl espera uma ligação um dia desses.

O major Carl ainda visita os filhos de Felix para orar por eles e incentivá-los com a esperança de que, quando tiverem necessidade, eles se lembrem de que foi um homem de Deus que ajudou a eles e a seu pai. Talvez eles liguem para um dos homens fiéis de Deus quando não tiverem para onde correr.

FAÇA ALGUMA COISA

ATIVIDADES

Complete este parágrafo. Tenho dificuldade de ser simpático e de amar __________ porque essa(s) pessoa(s) faz(em) com que eu me sinta ____________.
Substitua seu coração duro por amor ao expressar o amor de Deus para com elas.
Desde que seja seguro, pense na possibilidade de enviar-lhes um cartão ou de telefonar para elas e desculpar-se pelo estado do relacionamento entre vocês, ou de dar-lhes um simples oi.

Querido Senhor, por favor, enche-me de paixão para cumprir meu propósito de amar meus inimigos. Senhor, por favor, abre meus olhos para que eu perceba que lhes negar teu amor seria um ato desobediente de minha parte. Fortalece-me hoje para expressar teu amor para eles de um modo muito convincente e inconfundível.

Para ser voluntário do Exército da Salvação de sua cidade, visite **www.exercitodasalvacao.org.br**.

28

Mark

Dor: Passando por ela

E dizia: "Aba Pai, tudo te é possível. Afasta de mim este cálice; contudo, não seja o que eu quero, mas sim o que tu queres."

— Marcos 14.36

Mark pulava de um lado para o outro enquanto o caminhão do corpo de bombeiros atravessava às pressas o túnel Brooklyn Battery em direção ao centro de Manhattan. Ele já podia ver as enormes nuvens negras de fumaça subindo em espiral do World Trade Center. Era 11 de setembro de 2001.

O membro do Corpo de Bombeiros de Nova York (FDNY, sigla em inglês) pegou seu celular e ligou para a esposa, Lisa. Ela estava na sala, ocupada com as lições de casa de seus cinco filhos. "Querida? A coisa realmente parece feia..." Ele pediu que ela orasse. "Eu amo você", ele disse. O sinal do celular se foi.

O mundo todo viu quando terroristas colidiram dois aviões contra os dois prédios de 400 metros de altura do centro comercial, com seus 110 andares. O congestionamento na rua lembrava a hora do *rush* impulsionada por esteroides. Pessoas corriam em todas as direções, fugindo de escombros que caíam em chamas. O ar estava cinzento de tanta fumaça.

Entre a Torre Norte e a Torre Sul em chamas ficava o hotel Marriott do World Trade Center com 22 andares e estrutura de aço. Havia mais de mil hóspedes registrados naquela manhã. Era para lá que os bombeiros que estavam com Mark seguiam, correndo ao encontro de outras dezenas de bombeiros em uma área de concentração provisória no saguão. Dezenas de hóspedes do hotel, funcionários e equipes de emergência andavam sem destino e de modo confuso. Frenéticos, comandantes de batalhões criavam estratégias para seus próximos passos, sem saber que o inimaginável estava para acontecer.

Uma vez dentro do prédio, Mark percebeu que as pessoas do lado de fora do saguão estavam correndo para longe do hotel. Ele correu para a janela, olhou para cima e viu a Torre Sul começar a cair como um enorme castelo de cartas. Pareciam trovões à medida que um andar após o outro explodia.

"Corram!", ele gritou.

Os bombeiros espalharam-se. Mark e sua equipe dispararam para a sala de espera do hotel.

Em casa, grudada à televisão, a esposa de Mark viu a torre destruída enterrar o Marriott. Ela desligou a televisão e apertou a mão contra o peito por um instante. Virou-se para as crianças e disse: "Precisamos orar pelo papai agora mesmo."

Gotas de sangue e de suor pingavam da testa trêmula de Jesus enquanto o fardo pesado daquilo que se aproximava empurrava-o para o chão no jardim do Getsêmani.

"A minha alma está profundamente triste, numa tristeza mortal", ele disse aos seus discípulos. "Fiquem aqui e vigiem" (Marcos 14.34). Mas eles foram por outro caminho e caíram no sono sob as estrelas e, naquele momento, mal podiam ser vistos no escuro sob as árvores do jardim.

Depois de entrar no jardim e afastar-se de seus discípulos, Jesus se curvou, antecipando a dor que logo sentiria.

Ele pediu a Deus um plano alternativo para o sofrimento pelo qual estava para passar.

O discípulo que cuidava do dinheiro do ministério iria vender Jesus para seu próprio ganho financeiro (Marcos 14.10,11). Um dos três membros do comitê executivo de Jesus (Pedro) iria, em três ocasiões distintas, negar até que o conhecia, usando palavras para amaldiçoá-lo (Mateus 26.69-74). Jesus seria espancado, levaria bofetadas e seria rejeitado pelas mesmas pessoas a quem veio salvar. Sua barba seria arrancada, seu rosto seria esmurrado e sua cabeça seria arranhada por longos espinhos. Seu corpo seria ferido por varas, açoites e cravos. O pior de tudo é que ele, na verdade, iria tornar-se a única coisa para a qual seu Pai não poderia sequer olhar: o pecado.

Sabendo que tudo isso estava para acontecer em questão de momentos, Jesus fez um simples pedido ao Pai: "Aba Pai, tudo te é possível. Afasta de mim este cálice; contudo, não seja o que eu quero, mas sim o que tu queres" (Marcos 14.36).

AJUDA
Necessária

Atualmente no Brasil, há no total mais de 1 milhão de bombeiros, policiais, detetives, e agentes de recuperação de presos no país.[19]

....

O impacto da segunda torre em desintegração batendo com força contra o Marriott forçou o portão de segurança em frente à sala de espera a cair, formando uma gaiola sobre os bombeiros. O vento provocado pela queda, que tinha a força de um furacão, lançou Mark e seus homens para o ar como se fossem folhas.

Embora notícias deem um número estimado de cinquenta pessoas mortas na destruição do hotel — entre elas 41 bombeiros —, Mark e seus homens sobreviveram. Quando saíram cambaleando do hotel destruído, eles só conseguiam enxergar alguns metros à frente por causa do pó em redemoinho que os arranha-céus levantaram. Respirar era como tentar puxar o ar com o rosto dentro de uma tigela de farinha.

Lá fora, na West Street, Mark e seus homens encontraram um fotógrafo do *New York Daily News* com metade do corpo debaixo de um carro e a perna quebrada. Eles o tiraram dali e levaram-no a um edifício de escritórios do outro lado. Fizeram força para entrar em uma das lojas térreas da rua. A porta estava trancada, mas uma vitrine grande havia estourado.

Foi quando a Torre Norte veio abaixo. Com o barulho ensurdecedor de um terremoto, 110 andares estatelaram-se no chão, lançando pedaços do arranha-céu em uma grande nuvem de pó e escombros por todo o centro de Manhattan.

Encontrando garrafas de água na loja, os homens lavaram os olhos cobertos de pó e beberam água fresca em um gole só. Descansaram por alguns minutos. Então, enfrentaram a nuvem de pó novamente. Por fim, chegaram ao rio East, onde colocaram o fotógrafo ferido em um barco — Mark não lembra qual era o tipo de barco e não sabe o que aconteceu com o homem. Muitos dos feridos estavam sendo levados ao parque da ilha da Liberdade, onde havia sido montado um centro de triagem.

Mark acabou sendo levado a um hospital da ilha de Staten.

....

Todos os dias, bombeiros, policiais, militares, pessoas que trabalham em bairros violentos e muitos outros se arriscam espontaneamente por pessoas a quem não conhecem. Às vezes, eles se colocam em risco em favor de pessoas de quem não gostam.

Eles reconhecem os riscos associados ao trabalho que têm, mas sua paixão por ajudar os outros vai muito além do medo desses riscos. Assim como Jesus sofreu física e emocionalmente por prever o que tinha pela frente, não se surpreenda se você tiver reações desagradáveis ao pensar no que está para lhe acontecer. Taquicardia, mãos suadas, náusea e noites em claro não significam que o que você está enfrentando não faça parte do plano de Deus.

De modo voluntário, Jesus entrou em uma situação desconfortavelmente dolorosa que ele escolheu, e você, sem dúvida, será chamado a fazer o mesmo. Se Jesus conseguiu passar por sua situação dolorosa, você também conseguirá, desde que obedeça a Deus.

Ao permitir que sua paixão o leve a fazer alguma coisa, a despeito da dor em questão, você poderá olhar a dor de frente e passar por ela por livre e espontânea vontade.

A tentação seria simplificar ao máximo sua obediência para evitar o sofrimento. Jesus pediu uma alternativa para seu sofrimento, por isso não se surpreenda se você quiser fazer o mesmo.

Contudo, seu desejo de agradar a Deus deve, em última instância, ser maior do que seu desejo de agradar a si mesmo e evitar o desconforto.

FAÇA ALGUMA COISA

ATIVIDADES

Identifique um ato de obediência a Deus que você está adiando por causa da dificuldade visível relacionada a obedecer a Deus.
Escreva três coisas simples que você precisa fazer para ser totalmente obediente.
E da próxima vez que vir um bombeiro, um policial ou um militar, aproxime-se dele e agradeça-lhe por arriscar a vida em seu favor.

Querido Deus, obrigado porque tiveste a paixão de passar pela dor da cruz por livre e espontânea vontade. Percebo que podes me pedir para fazer algo que talvez seja difícil de ser feito, por isso, por favor, dá-me coragem para ser obediente diante da dor.

29

Lisa

Poder: Não fazendo nada

> Você acha que eu não posso pedir a meu Pai, e ele não colocaria imediatamente à minha disposição mais de doze legiões de anjos?
>
> — Mateus 26.53

"Estamos procurando uma solução pacífica para esta tragédia sem agir por vingança contra o jovem que tirou a vida de Marcella."

Lisa Ortiz parecia nervosa, mas decidida. Com os cabelos castanhos puxados para trás e presos em um rabo-de-cavalo, ela apareceu na entrada de sua casa cercada de repórteres e câmeras de todos os principais meios de comunicação do Condado de San Diego. Ela deu uma olhada para mim. Eu estava lá para apoiar Lisa e seu marido. Também havia outros dois pastores, o chefe de polícia de San Diego, dois jogadores do Chargers de San Diego e quatro pais que haviam perdido filhos por causa da violência de gangues, como havia acontecido com ela uma semana antes.

Marcella, a filha de 21 anos de Lisa, estava em uma festa quando uma briga começou. Fazia pouco tempo que ela havia se formado na escola de estética e estava fazendo planos profissionais. Ela frequentou a Rock Church por um ano, amadurecendo em seu compromisso com

Cristo. Por quase um ano, pediu à mãe que fosse à igreja com ela, mas Lisa persistia em não ir.

Naquela noite, o integrante de dezenove anos de uma gangue local entrou em uma briga e foi expulso da festa. No entanto, ele voltou, ficou parado no meio da rua e atacou a casa com balas. Marcella foi atingida nas costas.

Em questão de horas, ela morreu.

Em um dia, circulou pelo bairro a notícia de que ofereciam dinheiro pela cabeça do assassino. Boatos de retaliação encheram as ruas.

Perguntei a John e Lisa se eles gostariam de participar de uma coletiva para pedir que ninguém matasse o assassino de sua filha e para orar pela paz. Eles concordaram, porque não queriam que outro pai e outra mãe passassem pelo que estavam passando.

No final da coletiva, um repórter fez a John a pergunta que não queria calar: "A maioria das pessoas deseja que o assassino de seus filhos seja punido. Por que vocês estão pedindo que ele seja protegido?"

Como você consegue resistir ao desejo de vingança?

"Levantem-se e vamos! Aí vem aquele que me trai!", disse Jesus (Mateus 26.46). Ele estendeu a mão para ajudar seus discípulos sonolentos a se levantarem do chão.

A luz alaranjada e trêmula em meio às árvores clareava o céu noturno enquanto dezenas de soldados e líderes religiosos subiam o monte para prender Jesus. Os discípulos, agora bem acordados, entravam em pânico à medida que as tochas revolviam-se atrás deles. Judas aproximou-se de Jesus e o beijou. Então, ele se afastou enquanto os soldados amarravam Jesus e o arrastaram.

Por que Jesus não resistiu? A traição de Judas foi desonesta, a tortura seria excruciante, os julgamentos seriam injustos e a morte seria humilhante. Por que Jesus não reagiu? Por que ele não usou seus poderes de super-homem para se salvar?

Estava claro que ele não queria ser preso. Pouco antes de Judas chegar, Jesus orou três vezes, pedindo ao Pai que apresentasse outra maneira de pagar pelos pecados do mundo. A opção de Jesus teria sido evitar o sofrimento da cruz, mas, a cada vez, ele terminou sua oração com estas palavras: "Pai, se queres, afasta de mim este cálice; contudo, não seja feita a minha vontade, mas a tua" (Lucas 22.42).

Não há dúvida de que Jesus tinha poder para livrar-se a si mesmo.

Durante a prisão de Jesus, Pedro pegou uma espada de um dos soldados e decepou a orelha do servo do sumo sacerdote. Apontando para Pedro, Jesus ordenou-lhe que guardasse a espada, advertindo que não podemos cumprir os propósitos de Deus com a força humana. ("Não por força nem por violência, mas pelo meu Espírito", Zacarias 4.6). Enquanto o servo segurava o lado de sua cabeça e gemia, Jesus pegou o pedaço de carne cortado, apertou-o contra a ferida que sangrava e *pronto*! A orelha parecia nova. Ele poderia ter usado esse poder para derreter a cabeça do servo, em vez de curar sua orelha.

Em vez disso, foi sua paixão por usar o poder de Deus somente para o propósito de Deus que o conteve. Ele até disse: "Você acha que eu não posso pedir a meu Pai, e ele não colocaria imediatamente à minha disposição mais de doze legiões de anjos?" (Mateus 26.53). Isso significava que ele tinha mais de 72 mil soldados angelicais em posição de sentido no céu, esperando a ordem. O Antigo Testamento diz que um anjo matou 185 mil soldados assírios em uma noite. Imagine o que 72 mil anjos poderiam ter feito.

Ele poderia tê-los convocado, mas não fez isso.

Quando os soldados chegaram ao monte, Jesus perguntou: "A quem vocês buscam?" O poder da resposta de Jesus, "SOU EU", fez todos os soldados caírem para trás. Ele poderia ter destruído aqueles homens. Contudo, ele estava convencido de que seu tempo de reinar estava muito próximo.

A paixão de Jesus por usar seu poder espiritual somente para cumprir o propósito de Deus aplicou-se não só à derrota de seus inimigos, mas também ao controle de seu desejo de resistir a eles.

Ele sabia que era hora de ser preso e crucificado.

Ele admitiu para seus discípulos que aquela era a hora de o poder das trevas fazer o que tinha de fazer. Ele disse aos líderes religiosos que vieram prendê-lo: "Esta é a hora de vocês — quando as trevas reinam" (Lucas 22.53).

Ele sabia que tinha de aguentar só mais um dia e usar o poder de Deus para manter seu foco em seu objetivo de pagar pelos pecados do mundo.

....

A primeira vez que Lisa entrou no templo da Rock Church, ela desatou a chorar. E não foi porque estava ali para cuidar dos preparativos do enterro da filha.

Ali era o lugar que ajudou sua filha a começar a mudar de vida.

Esta era a igreja onde Marcella queria compartilhar sua experiência com Deus. Mas agora era tarde demais, e de repente Lisa estava se dando conta da realidade.

No dia do enterro, ela e eu conversamos na recepção atrás do púlpito antes do culto. Ela decidiu entregar publicamente sua vida a Jesus Cristo. Entretanto, ela me pediu para incluir um apelo tradicional do altar após meu sermão. Lisa queria se levantar e ir à frente como um exemplo para sua família e para os amigos de Marcella. Mais de trinta pessoas vieram à frente e entregaram a vida ao Senhor.

Por causa daquela mudança de atitude, Lisa e John, mesmo por meio da dor, puderam pôr os objetivos de Deus acima do desejo natural de vingança que tinham como pais.

Eu estava sentado ao lado de Lisa no lugar do túmulo, observando familiares e amigos colocarem flores sobre o caixão de Marcella enquanto ele descia à terra.

"John e eu pensamos", disse Lisa, "e queremos fazer algo para transformar esta tragédia em algum bem para a comunidade."

Foi quando decidimos realizar uma coletiva e interceder pela vida do assassino.

"Eu ficaria mal se não perdoasse este rapaz. É preciso olhar para a situação como um todo e descobrir o que podemos encontrar de bom nisso", disse Lisa. John fez eco ao mesmo sentimento.

O repórter da coletiva não conseguiu entender por que os pais puderam ver algo positivo ou ter uma atitude protetora com relação ao assassino de sua filha. Por mais que quisessem, como eles conseguiram encontrar essa compaixão em meio à dor que estavam sentindo?

Ele não entendia que o poder de Deus, além de consolá-los por meio da dor, também lhes dava o autocontrole e a disciplina necessários para que uma mãe e um pai perdoem o assassino de sua filha.

A paixão para fazermos nossa vida valer a pena aos olhos de Deus irá direcionar o poder divino somente para atividades que honrem a Deus. Às vezes ela vem na forma de autocontrole, impedindo que nossos sentimentos atrapalhem o que Deus deseja realizar por meio de nós.

John e Lisa têm paixão por usar o poder de Deus para resistir à tendência natural de vingança e para buscar o bem maior de Deus em meio a essa situação.

Ser obediente na vida não só consiste em fazer as coisas certas, mas também em não fazer as erradas. Muitas vezes haverá momentos em sua vida em que Deus irá lhe pedir para ficar em silêncio e saber que ele é Deus (Salmos 46.10). Isto é, fique em silêncio e faça algo ao não fazer nada.

Se você quiser fazer algo significante para Deus, isso exigirá uma manifestação do poder sobrenatural de Deus, não só através de você, mas também em sua vida na forma de autodomínio.

FAÇA ALGUMA COISA

ATIVIDADES

Identifique um hábito que você tenha que não seja produtivo e que desonre a Deus, como amaldiçoar, irritar-se, comer em excesso, preocupar-se, falar da vida alheia ou prender-se a detalhes. Por um dia, concentre-se em oração no poder de Deus para impedi-lo de fazer isso. Você se surpreenderá com o grau de poder a que tem acesso. Lembre-se de pedir ajuda ao Homem Invisível, o Espírito Santo.

Querido Senhor, por favor, dá-me autocontrole e disciplina para concentrar todos os meus esforços naquilo que te glorifica. Por favor, impede-me de dizer palavras desanimadoras, de ter pensamentos improdutivos e de perder meu tempo valioso com coisas que não honram teu propósito para minha vida.

30

Rico

Paixão: Sendo forte até o fim

> Muito bem, servo bom e fiel! Você foi fiel no pouco, eu o porei sobre o muito. Venha e participe da alegria do seu senhor!
>
> Mateus 25.23

Eu podia ouvir o choro silencioso dos pais de Rico no banco de trás. Como pastor que realizou a cerimônia, sentei-me com meu terno escuro ao lado do motorista enquanto seguíamos atrás do carro funerário de Rico.

Há pouco havíamos acabado de realizar a cerimônia fúnebre de Rico na Rock Church, em San Diego. Com mil pessoas presentes, foi um dos maiores funerais de autoridades que a cidade já viu. O chefe de polícia, o prefeito, o xerife, um capitão da Marinha e um general do Exército estavam presentes e falaram.

Agora estávamos acompanhando o carro funerário de Rico até o Cemitério Nacional de Fort Rosecrans. Em cada cruzamento ao longo do percurso de quase cinco quilômetros, guardas de motos bloqueavam o tráfego. Pessoas enfileiradas dos dois lados da rua faziam saudações, colocavam as mãos sobre o peito e acenavam bandeiras dos Estados Unidos. Até crianças mantinham as mãos na testa.

Fort Rosecrans é um grande cemitério militar na ponta da península que separa o Oceano Pacífico da Baía de San Diego. Fileiras e mais fileiras de lápides brancas marcavam o terreno. Quinhentos oficiais da lei e militares do Corpo de Fuzileiros Navais dos Estados Unidos, o Departamento do Xerife do Condado de San Diego, o Departamento de Polícia de San Diego e o Exército dos Estados Unidos estavam em posição de sentido junto ao lugar do túmulo.

O caixão ficou no pavimento em frente a uma mesa de pedra com as medalhas que Rico havia ganhado por seu serviço fiel. Com precisão mecânica, um soldado pegou cada medalha e entregou-a ao general que estava em pé perto dele. Ele então explicou o significado delas para a multidão e, de joelhos, ofereceu-as à família de Rico. Pouco antes da salva de 21 tiros, seis soldados dobraram a bandeira dos Estados Unidos que cobria o caixão de Rico e entregaram-na à sua filha de nove anos.

A cabeça de Jesus bateu contra a cruz enquanto caía para trás debaixo do sinal que dizia *Rei dos judeus*. O sangue que se juntava em seus pulmões borbulhava para fora de sua boca. Ofegante, ele fazia peso sobre os pés cravados na cruz, tentando levantar seu corpo trêmulo para que pudesse puxar o ar. A multidão abaixo zombava dele. "Salve-se a si mesmo!", eles gritavam. "Desça da cruz..." (Marcos 15.29-32).

Em duas palavras, ele deu sua última lição bíblica enquanto nuvens negras se formavam sobre ele (Mateus 27.45).

"Está consumado!", ele gritou.

Esse foi seu último sermão, encerrado com uma ilustração visual. *O que* estava consumado? Sua vida? Sim. Alguma coisa mais?

O breve "movimento Jesus" do século 1º, sem dúvida, parecia consumado — no sentido de liquidado, terminado, feito, *kaput*. Um de seus discípulos o traiu e depois cometeu suicídio (Mateus 27.3-5). Outro o negou quando Jesus mais precisou dele (Lucas 22.54-62). No julgamento do Senhor, as mesmas pessoas a quem ele veio salvar sentenciaram-no à morte e deixaram que um criminoso conhecido andasse livre (Lucas 23.18-21). O restante de seus discípulos fugiu com medo (Mateus 26.56) e seus críticos zombaram dele.

Assim, se tudo desmoronou à volta de Jesus e o mundo não era nem um pouco diferente do que era quando ele começou seu ministério, o que exatamente Jesus havia consumado?

Jesus havia terminado de cumprir seu papel no plano de salvação do Pai.

Aproveitando-se de todos *os preparativos* feitos para ele, Jesus cumpriu seu *propósito* de obediência a Deus. Ele converteu a *dor* associada à sua missão no *poder* espiritual necessário para honrar o Pai e fomentar uma *paixão* que não o deixaria desistir.

Uma vez que Jesus foi fiel a cada um desses componentes do plano de Deus, ele pôde dizer: *Está consumado!*

Esse é nosso objetivo também.

....

Durante o funeral, muitas pessoas falaram sobre Federico "Rico" G. Borjas, e a igreja passou um lindo vídeo sobre sua vida.

De tudo o que Rico fez, ao que parece ele se esforçou para se dedicar a posições de serviço cada vez mais desafiadoras.

Primeiro, ele se alistou no Corpo de Fuzileiros Navais depois de concluir o ensino médio e foi o "Homem de Ferro" no campo de treinamento de novos recrutas. Depois dos Fuzileiros Navais, ele se alistou no Departamento do Xerife do Condado de San Diego e trabalhou como agente para recuperação de presos. Mais tarde, tornou-se oficial de polícia de San Diego e, quatro anos depois, tornou-se oficial da SWAT (acrônimo em inglês para Armas e Táticas Especiais). Também foi a primeira pessoa de sua família a se formar na faculdade, concluindo o curso na área jurídica. Fez tudo isso sendo pai solteiro.

Entretanto, quando seu amigo de infância morreu na guerra do Iraque, Rico sentiu-se na obrigação de servir ao seu país de um modo mais significativo. Ele se alistou nas Forças Reservas do Exército dos Estados Unidos e assumiu a posição de sargento no leste do Afeganistão.

Três semanas após sua chegada, em outubro de 2008, Rico fez o sacrifício final. Enquanto estava fazendo a ronda, ele foi morto por um franco-atirador inimigo.

....

Já no terceiro capítulo da Bíblia, Deus exigiu derramamento de sangue pelos pecados a serem perdoados.

Consequentemente, ao longo de todo o Antigo Testamento, seu povo sacrificou animais a Deus como uma forma de adoração e como pagamento pelos pecados. No entanto, o sacrifício não era puro, e os filhos de Deus continuaram a pecar, por isso os sacrifícios com sangue tiveram de continuar.

A morte de Jesus também foi um sacrifício de sangue e teve por objetivo ser o maior sacrifício de todos. Não só teve de ser um sacrifício de sangue, mas também um sacrifício puro. Ele entregou sua vida como pagamento final por nossos pecados.

Ao longo da Bíblia, Deus sempre deu a quem oferecia o sacrifício algum tipo de prova de que havia aceitado ou rejeitado o sacrifício.

Quando Caim e Abel ofereceram seus sacrifícios a Deus em Gênesis 4, Deus rejeitou o de Caim porque não foi um sacrifício de sangue, mas aceitou o de Abel, irmão de Caim. (Consequentemente, Caim se irou e matou o irmão por vingança.)

Os sacrifícios de Abraão (Gênesis 15.9-17) e de Manoá (Juízes 13.1-22) mostraram que foram aceitos quando Deus enviou fogo do céu para assar os sacrifícios.

Noé soube que seu sacrifício foi aceito porque Deus fez uma aliança com ele de nunca mais inundar a Terra.

No caso de Jesus, três coisas aconteceram que confirmaram a aceitação de seu sacrifício: os túmulos se abriram e os mortos ressuscitaram (Mateus 27.52) — essa foi a prova de que o poder da morte havia sido vencido. Além disso, o véu no templo rasgou-se de alto a baixo (Mateus 27.51) — agora todas as pessoas têm acesso a Deus, não somente o sumo sacerdote. E, por fim, Jesus foi honrado no céu e sentou-se à destra do Pai.

O sacrifício aceitável da morte de Jesus confirmou o fato de que Jesus, na verdade, havia chegado ao fim.

Somente Deus pode decidir se o sacrifício é aceitável. Deus só responderá com as palavras "Muito bem, servo bom e fiel!" se você foi fiel ao fazer o que *deveria* ter feito por meio de todos os aspectos do plano de Deus para sua vida.

Isso não tem nada a ver com ganhar sua salvação, como se ela se desse por meio de boas obras. A morte de Jesus pagou na íntegra pelos pecados. Só precisamos aceitá-lo como Salvador para obtermos salvação. Contudo, receber Cristo é apenas o começo do plano de Deus para nós. *Todo* o seu ministério de três anos desempenhou um papel importante na salvação das várias pessoas que viriam depois dele.

Sua missão pessoal estará concluída quando você tiver cumprido sua parte no plano de salvação de Deus.

....

Após a cerimônia de funeral realizada na igreja, depois que a última pessoa deixou o templo, um segundo pastor e eu ficamos sozinhos diante do caixão. Então, de lá do último banco eles vieram. Oito militares fardados marcharam em formação precisa até a frente da igreja para carregar Rico até o carro funerário. Ao mesmo tempo, eles seguraram as alças nas laterais do caixão e ergueram Rico. Com lágrimas nos olhos, o líder sussurrou uma ordem: "Vamos levá-lo para casa."

Rico concluiu seu serviço fiel aos Fuzileiros Navais, ao Departamento do Xerife, ao Departamento de Polícia, às Forças de Reserva do Exército, à faculdade, aos seus pais e, principalmente, à sua filha.

E você?

Sua linha de chegada está à sua frente e tem uma bênção de importância eterna se você fizer a corrida com paixão (Hebreus 12.1).

Rico foi fiel em todas as áreas nas quais serviu e foi honrado de acordo com isso.

Quando morrermos, os anjos vão se alegrar? Eles vão fazer continência e levar sua alma à presença do Senhor?

Isso dependerá totalmente do que você faz para que sua vida valha a pena agora.

Assim, a pergunta mais importante a que você precisa responder é: Você vai *fazer alguma coisa*?

....

FAÇA ALGUMA COISA

ATIVIDADES

Feche os olhos e imagine-se junto à lápide de seu túmulo. Visualize seu nome nela. Você está morto. Escreva um aspecto de sua vida do qual você se queixa agora por não ter sido mais fiel a Deus. Tome a decisão hoje de fazer alguma coisa para transformar essa infidelidade em total obediência. Se fizer isso, você seguirá bem no sentido de agradar a Deus e fazer sua vida valer a pena.

> *Querido Senhor, sei que logo estarei diante de ti para prestar contas do que fiz com minha vida. Também percebo que a única maneira de ouvir "Muito bem, servo bom e fiel" é te agradar de acordo com tuas condições, não das minhas. Quero ouvir essas palavras, Deus. Senhor, quero passar o resto da vida fazendo somente aquilo que faça minha vida valer aos teus olhos. Obrigado por me dares outra chance de servir aos teus propósitos em minha vida.*

FAÇA Alguma Coisa! **Mito 6**

Devo esperar terríveis sofrimentos e dificuldades. É assim que sei que estou fazendo o que Deus quer que eu faça.

As Mentiras por Trás Desse Mito

- A obra de Deus para nós deixa-nos infelizes.
- As provações pelas quais passamos como consequências de nossa vontade de fazer algo nos deixam vazios e exaustos.

A Verdade

- Deus irá purificá-lo por meio de provações, mas ele deixará claro se você está cumprindo seu propósito.

Versículo bíblico

Venham a mim, todos os que estão cansados e sobrecarregados, e eu lhes darei descanso. Tomem sobre vocês o meu jugo e aprendam de mim, pois sou manso e humilde de coração, e vocês encontrarão descanso para as suas almas. Pois o meu jugo é suave e o meu fardo é leve.

Algo para se lembrar

Deus especificamente preparou você para realizar obras boas e poderosas. Talvez seja difícil, mas isso deve ser significativo e inspirador para você. Estar fora de sua zona de conforto não significa estar fora de sua zona de diversão. Estou na jornada mais emocionante de minha vida.

Você

Epílogo

Três mil e quinhentas pessoas encheram a igreja no culto das dez horas. A multidão refletia a mistura socioeconômica e étnica de San Diego. Uma amiga uma vez me disse que a mistura de idade, raça e classe social da Rock Church é como ela imagina que será o céu.

Do púlpito, levantei a mão e fiz uma série de perguntas simples.

"Quantos de vocês já consumiram drogas ou álcool?" Centenas de mãos se levantaram.

"Quantos de vocês já fizeram coisas em termos sexuais que gostariam de poder desfazer?" (Isso é um código para pornografia, adultério, lascívia, infidelidade, assédio sexual e estupro, prostituição, tanto faz.) Centenas de mãos se levantaram.

A cada pergunta, sussurros e suspiros passavam como ondas pela igreja enquanto as pessoas começavam a perceber como seus problemas eram comuns — elas não eram as únicas. Tive a impressão de que elas estavam cada vez mais à vontade em ser sinceras com relação ao seu drama pecaminoso. Assim, continuei.

"Quantos de vocês já ficaram deprimidos?" (Código para desanimados com a vida.) Centenas de mãos se levantaram.

"Quantos de vocês já quiseram que Deus os levasse para o céu logo?" (Código para suicídio em mente.) Centenas de mãos se levantaram.

"...adoraram sua própria forma de Deus?" (Código para idolatria.) Mais mãos.

"...foram presos ou conhecem alguém que foi preso?"

"...são culpados de hipocrisia?"

"...mentiram, enganaram, foram invejosos, agiram por ciúme ou raiva, roubaram algo, falaram da vida alheia ou odiaram alguém?"

Mãos para todos os lados.

E você?

Se você pode se identificar com alguma das categorias listadas anteriormente, então levante sua mão, bem aí onde você está, neste exato momento. Vá em frente. Não se preocupe, ninguém está olhando.

Você está qualificado!

Parabéns! Se você levantou a mão, está qualificado para fazer alguma coisa para que sua vida valha a pena.

Jesus veio ao nosso mundo e vestiu-se de um corpo humano, que acabou ensanguentado, espancado e ferido na cruz. Ele morreu, ressuscitou do túmulo e ascendeu ao céu, deixando para trás pessoas destruídas para fazerem coisas ainda maiores do que ele fez (João 14.12).

Também somos espancados, estamos sangrando e somos feridos pela vida. Entretanto, somos instrumentos escolhidos por Deus por meio dos quais cumprimos seu plano de trazer amor a um mundo destruído.

Você está posicionado!

Você não só está qualificado para fazer alguma coisa, mas também está posicionado.

Quero dizer o seguinte: você vive em um mundo que precisa do amor de Deus. Hoje, quando viajar pelo mundo, observe a condição caída à sua volta. A qualquer lugar que vá você está sujeito a ver clínicas de repouso, prisões, clubes de *striptease*, escolas destruídas, instituições para grupos excluídos, abrigos de mulheres, centros para desabrigados. Dentro desses lugares estão viciados em drogas, crianças órfãs, gângsteres, idosos abandonados, pessoas com medo, com depressão, com doenças.

Você está aí, diante de um mundo em situação crítica que já teve seus membros amputados, que está ferido e irritado. Você vai correr para o outro lado, como fiz quando estava diante de Tracy, a jovem mutilada de 25 anos no quarto de hospital? A diferença é que agora você está mais qualificado do que eu estava na época. Em vez de orgulho, você sabe apresentar sua condição caída ao seu paciente. É dessa condição que Deus precisa e que deseja amar e transformar em algo poderoso.

Você está decidido?

Desde aquele dia terrível no hospital, tenho estado na missão de fazer algo para que minha vida valha a pena. Minha oração é para que você nunca passe pela experiência de ter o terrível sentimento de constrangimento que tive ao sair daquele hospital correndo, deixando aquela jovem naquela cama sofrendo mais do que quando entrei, porque não pude ajudá-la.

Você representa aquela possível ajuda para alguém.

Lembre-se do que Jesus disse: "Digo-lhes a verdade: Aquele que crê em mim fará também as obras que tenho realizado. Fará coisas ainda maiores do que estas, porque eu estou indo para o Pai" (João 14.12).

Não sou eu que estou falando, mas sim Jesus. Espero que você tenha percebido que você e Jesus têm mais em comum do que você imaginava. Você talvez esteja convencido de que ele realmente quis dizer isso. Ele está pronto para realizar coisas incríveis através de você.

A questão é: Você está preparado?

Olhe à sua volta. *Você* pode ver a necessidade. Você sabe que alguém precisa fazer alguma coisa. *Até que ponto* você está decidido a ser esse alguém?

Você vai *fazer alguma coisa* para que sua vida valha a pena?

Seja Alguma Coisa

A primeira vez que fui cortado de um time da Liga Nacional de Futebol foi em 1982, duas semanas antes de uma greve de jogadores. Durante a greve, a equipe treinou em um parque local. Descobri isso do modo difícil. Eu estava fazendo exercícios no parque com outro ex-jogador quando a equipe começou a aparecer. Após nossos exercícios, fiquei alguns minutos vendo o treino do outro lado da cerca, falando que merecíamos estar lá. Sabíamos as jogadas, estávamos em forma, e doía ver, em nossa opinião, rapazes menos talentosos vivendo nosso sonho. Para piorar as coisas, nem nos deixaram ficar do lado de dentro da cerca. Sermos impedidos dessa forma não era uma questão de talento. Não era uma questão de estarmos fora de forma ou não sermos tão capacitados quanto os outros jogadores, tampouco se podíamos fazer alguma coisa. A questão era que precisávamos fazer alguma coisa. Precisávamos estar na lista oficial.

Em se tratando do céu, infelizmente haverá pessoas que vão acabar do lado de fora, olhando, e não será uma questão de talento nem de habilidade. Pessoas vão para o céu, não porque frequentam a igreja ou porque são mais espertas ou melhores do que qualquer outra. Não é porque elas podem fazer algo especial.

É porque elas decidiram ser alguma coisa:

Eternamente perdoadas.

Todos somos pecadores, e o castigo por nossos pecados é a morte, tanto física como espiritual. Por causa de nossos pecados, nunca poderemos ser bons o suficiente em nossa capacidade de ganhar ou merecer o céu.

Mesmo que não possamos fazer algo para ganhar o céu, podemos decidir ser alguma coisa: eternamente perdoados pelo único que morreu para pagar o preço por nossos pecados — Jesus.

É tão simples quanto o ABC:

A: Aceite que você é um pecador e que seu pecado tem como castigo a morte física e espiritual eternamente (Romanos 3.23; 6.23).

B: Basta crer que Jesus é Senhor, que, por causa de seu grande amor por você, ele morreu para pagar por seus pecados e ressuscitou dos mortos para dar-lhe a vida eterna (Romanos 5.8).

C: Confesse seus pecados e peça a Jesus para perdoá-lo (1 João 1.9; Romanos 10.9).

Se você crê nesse ABC da salvação, seu próximo passo é fazer uma oração como a que segue. Mas, lembre: você deve ter fé de que Deus irá honrar sua confiança na Palavra dele, perdoar seus pecados e enviar o Espírito Santo ao seu coração. Deixe-me incentivá-lo a ser perdoado. Permita que Jesus faça algo espiritualmente eterno em você para que ele possa fazer algo espiritualmente eterno através de você.

Querido Senhor,

Reconheço que sou pecador.

Creio que Jesus é Senhor, que morreu para pagar o preço por meus pecados e que ressuscitou dos mortos.

Jesus, por favor, perdoa meus pecados. Recebo o Espírito Santo em meu coração.

Faço esta oração em nome de Jesus.

Amém.

Se você fez esta oração, parabéns!

Visite nosso site para mais informações: **www.milesmcpherson.com**

Apêndice A

AECIPA

Uma forma de orar

AECIPA é um simples formato de oração para ajudá-lo a se concentrar em seu tempo de oração. Eis o que significa:

Admire e agradeça a Deus.
Espera em silêncio diante de Deus.
Confesse seus pecados.
Interceda pelos outros.
Peça em seu favor.
Admire e agradeça a Deus.

A chave é passar determinado tempo em cada categoria. Tenha lápis, papel e uma Bíblia com você. Quando Deus fala, você precisa escrever.

Outra dica: Evite saltar de um tópico para outro e depois voltar.

Por exemplo, no caso da letra A, você pode ler o Salmo 8.9 e ficar três minutos nele, simplesmente admirando e agradecendo a Deus por todas as coisas maravilhosas que ele tem feito em sua vida. Não peça nada, não confesse nenhum pecado, apenas agradeça a Deus.

Faça a mesma coisa com cada letra de AECIPA. Se ficar cinco minutos em cada categoria, você terá passado meia hora concentrado na oração. Você pode dizer quando foi a última vez que fez isso?

Seguem outras sugestões:

Para a letra "A", leia o Salmo 8.9 e passe três minutos nele, simplesmente admirando e agradecendo a Deus.

Para a letra "E", leia o Salmo 46.10 e depois fique sentado em silêncio e ouça Deus falar com você. Escreva aquilo que ouvir.

Para a letra "C", leia 1 João 1.9 e depois confesse seus pecados a Deus.

Para a letra "I", leia Filipenses 1.3-6 e depois ore por outras pessoas.

Para a letra "P", leia o Salmo 51.10-12 e depois peça um coração puro.

Para a letra "A", leia o Salmo 8.9 e depois agradeça a Deus por tudo o que você puder imaginar.

Nota: Fique à vontade para usar os versículos que você quiser para cada categoria de oração.

Apêndice B

O Plano e os 5 P's

O que você deve lembrar sobre Plano, Preparação, Propósito, Pesar, Poder e Paixão

O plano

Segundo Jesus, você foi criado para fazer algo grande e Deus tem um plano para ajudá-lo a fazer isso.

1. Antes de você nascer, Deus fez todos os preparativos necessários para você fazer algo para que sua vida valha a pena.

Deus preparou você com toda a capacidade natural e espiritual necessária, além das oportunidades ideais na vida, a fim de usar essas habilidades para ajudar as pessoas. Ele também está pronto para dar-lhe todo o incentivo de que você precisa para passar pelos momentos difíceis. Você está mais preparado do que imagina.

2. O propósito de Deus para sua vida é que você o ame ao simplesmente fazer alguma coisa com obediência.

Sua vida só terá valor por algo eterno se o que você fizer for motivado pelo amor a Deus. Amar a Deus não tem nada a ver com emoção ou sentimento, mas tudo a ver com a obediência baseada na fé. A única medida verdadeira de seu amor por Deus é seu nível de obediência a ele.

3. Se você não quer que a dor simplesmente machuque, faça alguma coisa.

A dor pode ser descrita como o sentimento associado ao fato de não termos aquilo que desejamos. O melhor que podemos fazer é desejar algo diferente, algo que Deus deseja.

Se, em vez de evitarmos a dor, decidirmos buscar as lições e o crescimento pessoal que ela tem por objetivo trazer à nossa vida, a dor fará muito mais do que simplesmente machucar. Ela irá ajudá-lo a fazer sua vida valer a pena.

4. Poder é autoridade, capacidade e oportunidade para "fazer".

Deus reservou todo o poder de que você precisará. Você não pode fazer algo significativo na esfera espiritual sem poder espiritual. Contudo, antes de obter poder espiritual, você deve reconhecer e entregar força e poder humanos. Quanto mais você entregar, mais será fortalecido.

5. Sem paixão para fazer alguma coisa, você nunca cumprirá a missão que Deus lhe deu.

A paixão verá uma luz de esperança em meio à total escuridão. É impossível agradar a Deus sem fé, mas há momentos em nossa vida em que até o Deus em quem depositamos nossa fé parece ter nos abandonado. É durante esses piores momentos que nossa paixão continua de forma resoluta a acreditar que Deus ainda está a nosso lado.

Preparação

Até onde Deus foi para preparar você a fim de viver uma vida que valha a pena.

1. Antes de você nascer, Deus o preparou ao dar-lhe uma medida de fé.

A fé é uma ferramenta pela qual você pode administrar um relacionamento com Deus. Tendo nos criado como criaturas que exercem fé todos os dias, ele nos preparou, de antemão, com a capacidade necessária para ter um relacionamento com o invisível.

2. Antes de você nascer, Deus o preparou com a verdade ao dar-lhe sua Palavra, a Bíblia.

Assim como no caso de Jesus, antes de você precisar aplicar a verdade em sua vida, as diretrizes básicas para o certo e o errado nas quais você deve concentrar sua obediência já estavam preparadas. Ele nos preparou com sua Palavra, a Bíblia. A fé na Palavra de Deus é a maneira mais rápida e mais certa de fazer algo de importância eterna em sua vida.

3. Antes de você nascer, Deus o preparou ao dar-lhe o Espírito Santo para ajudá-lo.

Deus preparou uma Pessoa, o Homem Invisível, para estar ao nosso lado 24 horas por dia, todos os dias. Ele sabia que seria impossível sermos fiéis se fôssemos deixados à nossa mercê, assim nos criou à sua imagem para que pudéssemos ter um relacionamento com ele por meio de seu Espírito. O Homem Invisível irá ensinar, incentivar, guiar e convencer você. Ele irá orar por você e irá amá-lo, como faria seu melhor amigo, só que de forma melhor.

4. Deus preparou-nos com oração, a comunicação com Deus que estimula um relacionamento com ele.

Uma vez que queria um relacionamento com seus filhos fundamentado na contínua interação, Deus preparou-nos com a dádiva da oração. Por meio da oração, não só nos comunicamos com ele e vice-versa e compartilhamos informações, mas também partilhamos do coração e do caráter de Deus.

5. Antes de nascermos, Deus preparou as circunstâncias de nossa vida para aumentar ao máximo nossas oportunidades para FAZER alguma coisa.

Deus preparou para você lances do "FAÇA alguma coisa" com as pessoas cujas necessidades condizem com a ajuda que ele o preparou para dar. Deus também está pronto para dar-lhe todo incentivo e motivação de que você precisar em cada lance. Quanto mais aproveitarmos fielmente as oportunidades que nos foram oferecidas para fazer alguma coisa, mais nossa vida valerá por causa de algo mais importante do que nós.

Propósito

Qual é o propósito e o que você deve deixar Deus fazer em sua vida a fim de prepará-lo para cumprir este propósito.

1. Você não pode cumprir seu propósito sem um "transplante de coração".

Cumprir seu propósito eterno é algo que começa quando você recebe um coração novo, um transplante de coração espiritual. Os caminhos de Deus não são os nossos, e nossa tendência natural é resistir a obedecer a Deus. Um transplante de coração espiritual irá prover um coração que deseja cumprir os propósitos de Deus, e não os nossos.

2. Cumprir o propósito de Deus para sua vida exigirá que você veja as pessoas com olhos de amor.

Um coração novo irá revelar a nova verdade sobre seu mundo, sobre as pessoas que estão nele e, o mais importante, sobre *você*. Quando puder ver sua própria condição caída por meio do amor de Deus, você poderá ver com mais clareza e fazer algo amoroso pelas pessoas destruídas em sua vida.

3. Cumprir seu propósito é algo que se aplica até aos indiferentes ou àqueles que o mundo considera difíceis de ser amados.

Seu coração novo verá a condição caída de sua vida e a dos outros. No momento mais inesperado, ele dará toda a sua atenção a uma pessoa inesperada. O amor de Deus pelo mundo destruído nunca dá folga a ninguém, principalmente àqueles considerados excluídos pelo mundo.

4. Seu propósito de expressar o amor de Deus irá levá-lo a receber uma lição sobre o amor de Deus.

O maior erro que cometemos quando amamos os outros é que nos esquecemos de nossa própria necessidade de ser amados e de nossa necessidade de aprender a amar. Se puder apresentar sua condição caída enquanto estiver amando os outros, principalmente aqueles considerados "menores", você receberá uma lição poderosa dada pelo Sr. Amor em Pessoa, Jesus.

5. Cumprir seu propósito é algo que incluirá capacitar os outros para que cumpram o propósito deles.

A maior afirmação de que você cumpriu seu propósito é ter se multiplicado em outra pessoa. Assim como os pais humanos têm filhos biológicos, pessoas espirituais fazem discípulos — filhos espirituais.

Pesar

Os benefícios e as lições que Deus pretende que a dor traga à sua vida.

1. A dor não tem só de doer; ela também pode evitar que você cometa erros espirituais.

Quantas vezes você quis que não tivesse de sofrer? Felizmente, Deus sabe bem. Ele nos deu a dor como um meio de proteger-nos não só de um comportamento físico prejudicial, mas de um espiritual também. Você precisa se perguntar quais lições espirituais sua dor está tentando lhe ensinar e depois fazer algo em resposta.

2. Deixe Jesus falar diretamente à sua dor, lidando com a causa, não com os sintomas.

Muitas vezes nossa reação à dor física é controlada por nossa perspectiva falha sobre sua causa e seu propósito. Tirar o máximo proveito de nossa dor requer que deixemos Deus anular nossa perspectiva e nos conduzir a uma resposta espiritualmente precisa.

3. Por mais que a dor machuque, Deus sempre proverá uma estratégia de saída.

Devemos estar comprometidos com quem somos, a pessoa que Deus nos criou para ser. Não deixe que a dor ou as pessoas e as circunstâncias que estão causando dor definam você. Se mantivermos o compromisso de reagir à nossa dor como filhos de Deus e não como vítimas indefesas, passaremos por ela e faremos algo significativo no mundo.

4. A dor não tem só de doer, porque ela sempre oferece oportunidades ministeriais.

Deus prepara oportunidades para que façamos algo e cumpramos nosso propósito, mesmo em situações dolorosas. Precisamos manter os olhos abertos para ver quem ele trará à nossa vida durante nossas experiências dolorosas. Não podemos permitir que nossa condição caída nos leve a pensar de forma egoísta somente em nós mesmos.

5. Suportar a dor pelos outros pode doer, mas isso fará com que você seja mais parecido com Jesus do que qualquer outra coisa.

Vai doer quando sofrermos em favor dos outros no nome de Jesus, mas saiba disto: essa dor, mais do que qualquer outra coisa, faz com que você seja como Jesus. Ele disse que devemos fazer somente uma coisa em sua memória: celebrar sua dor. O único ato que nos torna mais parecidos com Cristo é nossa disposição de sofrer em favor dos outros.

Poder

Como obter e usar o poder espiritual que Deus reservou para você.

1. O poder espiritual vem quando você se entrega a Deus.

Quando comparado ao reino do homem, o reino de Deus parece retrógrado. Isso não fica mais evidente do que quando o assunto é obter poder. O poder natural é obtido pela força, quando uma pessoa o tira de outra. No reino de Deus, recebemos poder quando nos entregamos.

2. O exercício do poder espiritual confirma seu relacionamento com Deus.

A maior diferença entre alguém que sabe coisas sobre Deus e alguém que conhece a Deus é o poder. A primeira e mais importante manifestação do poder de Deus é a influência transformadora que ele tem sobre sua condição caída.

3. O poder espiritual deve ser usado para transformar nossa vida e aqueles que precisam do mesmo consolo que recebemos.

O poder de Deus transforma sua vida por dois motivos: primeiro, para Deus se revelar aos outros através de você e, segundo, para fortalecer você a fim de compartilhar essa transformação. Se quiser fazer sua vida valer a pena, encontre alguém que sofre como você e abençoe essa pessoa com o consolo que você recebeu.

4. Seu poder espiritual irá fortalecê-lo para oferecer aos outros oportunidades para ministrar.

Compartilhar a experiência poderosa capaz de transformar sua vida para abençoar os outros é uma tarefa nobre, mas há outro passo que você precisa dar. Assim como Deus preparou oportunidades para você compartilhar a transformação poderosa que ele fez em sua vida, ele pode usá-lo para preparar oportunidades a fim de que outros compartilhem sua própria transformação poderosa.

5. Se quiser um grande poder, você precisa fazer um grande sacrifício.

Quanto mais comprometido você estiver no sentido de fazer algo importante para Deus, de mais poder você precisará. E, uma vez que no reino de Deus o poder vem quando você se entrega, quanto mais você se entregar, mais poder receberá.

Paixão

O compromisso necessário para concluir o que Deus definiu para você fazer em sua vida.

1. A paixão aposta sua vida somente nos recursos preparados por Deus.

Quando parece que tudo em nossa vida está desmoronando ou quando confiar em Deus parece ter nos levado a situações difíceis, tendemos a criar nossas próprias regras: confiar em nossa coragem, e não em Deus. A paixão segue o plano e confia somente nas diretrizes estabelecidas por Deus.

2. A paixão para cumprir nosso propósito abençoa nossos inimigos mesmo quando eles estão nos atacando.

Nem mesmo o comportamento prejudicial e calunioso de nossos inimigos pode diminuir a paixão de honrar a Deus com nossa vida e de cumprir nosso propósito. A paixão está tão determinada a ajudá-lo a cumprir seu propósito que ela irá abençoar aqueles que amaldiçoam você mesmo quando eles o estiverem prejudicando.

3. A paixão espontaneamente passa pela dor.

A paixão de nunca desistir passará por situações dolorosas se a obediência a Deus exigir isso. Ela está tão determinada a manter os olhos de nossa fé nas lições e no poder resultantes de nossa dor que ela mesma espontaneamente passa pela dor.

4. A paixão converte o poder de Deus em autocontrole.

É igualmente importante que o poder de Deus seja aplicado em nossa vida, como também através de nossa vida. Nossa paixão de usar o poder de Deus somente de acordo com o plano de Deus assegura que estamos sujeitos a ela e que também a distribuímos.

5. A paixão ansiosamente prevê a aprovação final de nosso Pai celestial.

A paixão investe em receber aprovação somente de Deus. É ela que nos mantém concentrados em cruzar a linha de chegada de tal modo que ele diga: "Muito bem, servo bom e fiel!" Só então poderemos dizer: "Está consumado."

Ajuda Necessária

1. International Bulletin of Missionary Research [Boletim Internacional de Pesquisa Missionária] (www.internationalbulletin.org)

2.www.beinternacional.eu/index.php/destaques/368-ue-perde-4-milhoes-de-empregos-em-2009

3.www.ohnekohlensaure.blogspot.com/2010/02/60-dos-brasileiros-com-perda-auditiva.html

4. www.lsa.umich.edu/psych/news/department/news/?id=160

5. www.folha.arcauniversal.com.br/integra.jsp?codcanal=988&cod=122044&edicao=80

6. www.defato.com/04_04_2010/cesar.php

7. www.educador.brasilescola.com/trabalho-docente/a-qualidade-educacao-brasileira.htm

8. www.nccp.org/profiles/US_profile_6.html

9.www.portaleducacao.com.br/psicologia/noticias/18/12/pesquisa-revela-que-22-dos-jovens-britanicos-se-autoflagelam#

10. www.pedagobrasil.com.br/pedagogia/bullyingnaescola.htm

11. www.usfa.dhs.gov/fireservice/fatalities

12. www.ipas.org.br/amparo.html

13. www.pamelaegan.com/articles/addiction.htm

14. www.inca.gov.br

15. www.hottopos.com/seminario/sem2/cris1.htm

16. xxxchurch.com/gethelp/parents/stats.html

17. www.news-medical.net/?id=37529

18. www.ncsacw.samhsa.gov/files/508/3_Responding2Families.htm

19. www.istoe.com.br

Agradecimentos

Eu não poderia ter elaborado este livro sem a contribuição de muitas pessoas. Primeiro, quero agradecer à minha esposa por sua paciência durante o processo de escrita. Escrever consumiu um tempo valioso que, para ser franco, era dela.

Obrigado, Deb. Eu amo muito você.

Quero expressar gratidão à minha equipe por suas orações e apoio. Todos os dias. seus membros fazem algo para deixar o mundo um pouco melhor. Obrigado também a Chad Allen, editor de aquisições da Baker Books, que entendeu esta visão, e ao meu agente, Matt Yates.

Agradecimentos especiais à Lynn Vincent e Sara Goetz por sua visão e várias ligações e conversas.

Eu também quero agradecer aos pastores Matt Tague, Mark Hoffman, Kevin Mannoia e Charlie Campbell. Agradeço também a Dean Nelson, Ken Blanchard, Martha Lawrence, Renee Broadwell, Anna Espino, Barbara Hart, Anisha Jackson, Nora Barnes, Frank Vizcarra, Rob Pace, Tania Babaie, Richard Bagdazian, Jason Friesen, Dave Goodwin, Piper Nadelle, Brad Wilson e Mori Bell.

Obrigado às pessoas generosas que compartilharam suas histórias: Greg e Cindy Bradford, Donna e Bill Davis, Ken Davis, Tony e Jordan Dungy, Vincent e Vanessa Gabriele, Rio-Bec Hernandez, Michele Kassa, Beverly Kelly, Mindy Kurczodyna, Lisa Ortiz, Ricky, Nova e Elisha

Page, Noemi Preciado, David Rodgers, Mark Ruppert, Sherrill Naegele, Carl Ruthberg, Theresa Scher, Lisa Walker, Jessica Yaffa, Robert Yates e a família de Federico "Rico" G. Borjas.

Quero agradecer à Carrie Prejean, que conheci depois que este livro estava pronto. Você, sem dúvida, FEZ Algo corajoso. Continue firme, "amiga".

Quero expressar um obrigado especial à minha colaboradora, Anita Palmer. Sua sabedoria e capacidade levaram este livro a outro nível. Eu não poderia ter feito isso sem você. Obrigado por ser flexível e profissional.

Miles McPherson é pastor sênior da Rock Church, em San Diego. Ex-jogador de defesa da equipe de futebol americano San Diego Chargers, ele é presidente e fundador do Miles Ahead Ministries, um ministério evangelístico que tem como foco compartilhar as boas novas de Jesus Cristo com adolescentes e adultos de todas as partes do mundo. Miles e sua esposa, Debbie, têm três filhos e vivem em San Diego.

Visite o website de Miles e confira com mais detalhes os testemunhos das pessoas narradas neste livro em www.milesmcpherson.com

Por meio dos eventos evangelísticos do Miles Ahead Ministres, mais de 45 mil pessoas entregaram sua vida ao Senhor em eventos realizados em treze cidades desde 1996. O Miles Ahead Festival inclui a conferência Faça alguma coisa para líderes, projetos de serviços à comunidade e eventos evangelísticos à noite.

Para obter mais informações sobre como realizar um festival evangelístico para jovens do Miles Ahead Ministries, visite www.milesahead.tv

Conheça outras obras da Editora Proclamação

Pregue por um ano # 1

A série *Pregue por um Ano* ajudará o pastor ou professor com 104 esboços de sermões temáticos e de fácil compreesão.

Cada um desses esboços é baseado nas Sagradas Escrituras e estão todos estruturados em três partes: Introdução, que prende a atenção para as ideias iniciais do sermão. Corpo do Sermão, com diversos pontos de exposição bíblica. Conclusão, propondo perguntas e sugestões devocionais para serem colocadas em prática.

O Modelo de Deus para você ter muito Dinheiro

Em *O modelo de Deus para você ter muito dinheiro*, Dr. Anderson explica o processo de experimentarmos as bênçãos de Deus através de sábios investimentos que resultarão no aumento de riqueza. Deus quer que tenhamos muito, mas que tenhamos com alegria, paz, saúde e sem preocupação.

Quando fizermos as coisas como Deus ensina, as bênçãos do Senhor se resplandecerão sobre nós, e nos tornaremos uma bênção para os outros.

Conheça outras obras da Editora Proclamação

Moldado por Deus

Quando Deus começa a nos moldar à sua Imagem, Ele usa com frequência o calor e a pressão da nossa vida diária a fim de nos transformar em belos instrumentos para o Seu uso.

Nesta clássica coletânea de leituras inspiradoras, o autor de livros de sucesso Max Lucado leva-nos a um passeio pela oficina do Ferreiro examinando cada ferramenta e dando uma olhada em cada canto, das prateleiras à bancada, da água ao fogo...

Esta é a primeira obra de Max Lucado, escrita quando ele e sua mulher foram missionários no Brasil.

Jesus — *Visto por João*

A maioria das pessoas recomenda aos recém-convertidos que comecem a leitura da Bíblia com o Evangelho de João, embora sua apresentação seja muito mais filosófica do que a dos outros.

A leitura deste cativante comentário sobre o Evangelho de João nos aproxima ainda mais aos olhos do apóstolo e de como ao seu tempo ele narrou a vida do Mestre. *Jesus, visto por João* procede de um pastor com uma experiência rica e vital no ministério da Palavra e do evangelismo.

Impressão e Acabamento:
Geográfica editora